新制造·工厂运作
实战指南丛书

实战图解版

仓储管理实战指南

李世华 主编

化学工业出版社
·北京·

内容简介

本书由点到面、由宏观到微观地阐述了仓储管理。本书由三大部分组成：智能仓储管理篇包括智能仓储概述、智能仓储的硬件建设、智能仓储的软件系统；仓储管理规划篇包括仓库规划、货位优化、仓库设备配备、仓储管理的规划、仓库管理资料的预备；仓储现场管理实操篇包括仓库入库管理、仓库储存管理、仓库出库管理、仓库盘点管理、仓库安全管理。

本书内容全面、深入浅出、易于理解，尤其注重实际操作，对仓储管理的操作要求、步骤、方法、注意事项做了详细的介绍，并提供了大量在实际工作中已被证明行之有效的范本，读者可以将其复制下来，略作修改，为己所用，以节省时间和精力。

图书在版编目（CIP）数据

仓储管理实战指南：实战图解版/李世华主编．—北京：化学工业出版社，2021.7

（新制造·工厂运作实战指南丛书）

ISBN 978-7-122-38964-0

Ⅰ.①仓⋯ Ⅱ.①李⋯ Ⅲ.①仓库管理-指南 Ⅳ.①F253-62

中国版本图书馆CIP数据核字（2021）第067561号

责任编辑：辛　田　　　　　　　　　　　文字编辑：冯国庆
责任校对：王　静　　　　　　　　　　　装帧设计：尹琳琳

出版发行：化学工业出版社（北京市东城区青年湖南街13号　邮政编码100011）
印　　装：三河市延风印装有限公司
710mm×1000mm　1/16　印张13$\frac{3}{4}$　字数266千字　2021年7月北京第1版第1次印刷

购书咨询：010-64518888　　　　　　　　售后服务：010-64518899
网　　址：http://www.cip.com.cn
凡购买本书，如有缺损质量问题，本社销售中心负责调换。

定　　价：68.00元　　　　　　　　　　　　　　　　　版权所有　违者必究

前言

制造业为立国之本、强国之基，推动制造业高质量发展，应成为推动数字经济与实体经济融合发展的主攻方向和关键突破口。要将制造业作为发展数字经济的主战场，推动数字技术在制造业生产、研发、设计、制造、管理等领域的深化应用，加快重点制造领域数字化、智能化，推动"中国制造"向"中国智造"和"中国创造"转型。

制造业是实体经济的主体，新制造则是强化实体经济主体的催化剂。新制造指的是通过物联网技术采集数据并通过人工智能算法处理数据的智能化制造，通过形成高度灵活、个性化、网络化的生产链条以实现传统制造业的产业升级。

相比传统制造业，新制造能够更合理地分配闲置生产资源，提高生产效率，能够更准确地把握用户特性与偏好，以便满足不同客户的需求，扩大盈利规模。传统制造业的多个环节都可以进行智能升级，比如工业机器人可以被应用于制造业生产环节，辅助完成复杂工作；智能仓储、智慧物流可以高效、低成本地完成仓储和运输环节。

在新制造下，在数字化车间，生产链条的各个环节进行积极的交互、协作、感染与赋能，提高生产效率；在智能化生产线上，身穿制服的工人与机器人并肩工作，形成了人机协同的共生生态；而通过3D打印这一颠覆性技术，零部件可以按个性化定制的形状打印出来……

新制造，能够借助大数据与算法成功实现供给与消费的精准对接，从而实现定制化制造与柔性生产。通过大数据和云计算分析，可以把线上消费端数据和线下生产端数据打通，运用消费端的大数据逆向优化生产端的产品制造，为制造业转型升级提供新路径。

基于此，我们组织编写了"新制造·工厂运作实战指南丛书"，具体包括：《生产计划与作业控制指南（实战图解版）》《生产成本控制实战指南（实战图解版）》《生产设备全员维护指南（实战图解版）》《现场管理实战指南（实战图解版）》《班组管理实战指南（实战图解版）》《5S运作与改善活动指南（实战图解版）》《品质管理与QCC活动指南（实战图解版）》《采购与供应链实战指南（实战图解版）》《仓储管理实战指南（实战图解版）》。

"新制造·工厂运作实战指南丛书"由涂高发主持编写，并由知名顾问老师开鑫、龚和平、赵乐、李世华共同完成。其中，《仓储管理实战指南（实战图解版）》一书由李世华主编。

《仓储管理实战指南（实战图解版）》一书分三篇：第一篇为智能仓储管理，包括智能仓储概述、智能仓储的硬件建设、智能仓储的软件系统三章内容；第二篇为仓储管理规划，包括仓库规划、货位优化、仓库设备配备、仓储管理的规划、仓库管理资料的预备五章内容；第三篇为仓储现场管理实操，包括仓库入库管理、仓库储存管理、仓库出库管理、仓库盘点管理、仓库安全管理五章内容。

本书的特点是内容全面、深入浅出、易于理解，注重实际操作，对仓储管理的操作要求、步骤、方法、注意事项做了详细的介绍，并提供了大量在实际工作中已被证明行之有效的范本，读者可以根据范本内容，略做修改，为己所用，以节省时间和精力。

由于编者水平有限，书中难免会有疏漏之处，敬请读者批评指正。

编者

第一篇　智能仓储管理

　　智能仓储是智能制造快速发展的一个重要组成部分，它具有节约用地、减轻劳动强度、避免货物损坏或遗失、消除差错、提供仓储自动化水平及管理水平、提高管理和操作人员素质、降低储运损耗、有效地减少流动资金的积压、提供物流效率等诸多优点。

第一章　智能仓储概述 ……………………………………………………… 002

　　一、仓储业的发展历程 ……………………………………………… 003

　　二、仓储管理的认知 ………………………………………………… 005

　　三、智能仓储的定义与组成要素 …………………………………… 007

　　四、智能仓储的意义 ………………………………………………… 009

　　五、智能仓储的优劣势 ……………………………………………… 010

　　六、智能仓储与传统制造企业 ……………………………………… 013

第二章　智能仓储的硬件建设 …………………………………………… 015

　　一、电子标签系统 …………………………………………………… 016

　　二、自动化运输系统 ………………………………………………… 017

　　三、自动存储系统——自动化立体仓库 …………………………… 018

　　四、自动分拣系统 …………………………………………………… 025

　　五、机器人分拣系统 ………………………………………………… 027

　　六、"货到人"拣选系统 …………………………………………… 028

　　七、语音自动化拣选系统 …………………………………………… 029

第三章　智能仓储的软件系统 031

一、RFID 仓储管理系统 032

二、WMS 智能仓储管理系统 038

三、WCS 仓储控制系统 044

第二篇　仓储管理规划

仓储规划是对各种仓储行为进行整体的规划，对于仓储模式、仓储设施、储存空间、信息管理系统等进行决策及设计。通过合理的仓储规划可以有效地提高仓储的工作效率，减轻仓储工作人员的作业难度，更可直观地对仓储作业活动进行调控。

第四章　仓库规划 048

一、仓储管理的功能 049

二、仓库在生产企业中的意义与作用 049

三、仓库规划的总体要求 050

四、货仓位置选择 051

五、确定仓库类别 052

六、仓区规划 052

七、仓库布局 055

第五章　货位优化 058

一、货位优化的重要性 059

二、货位管理的要求 059

三、货位管理的内容 059

四、货位规划的原则 060

五、货位规划的步骤 062

第六章　仓库设备配备 071

一、消防设备 072

二、装卸搬运设备 072

三、检验设备 073

  四、存储设备 ································· 074

  五、通风、照明、保暖设备 ·················· 075

  六、养护设备 ································· 075

第七章　仓储管理的规划 ···················· 076

  一、优化仓储管理组织 ······················ 077

  二、建立仓库管理系统 ······················ 080

  三、仓库管理制度 ···························· 083

    他山之石　仓库管理制度 ············ 084

  四、建立以计算机为基础的操作作业标准 ···· 088

第八章　仓库管理资料的预备 ·············· 092

  一、物料编号 ································· 093

  二、BOM 物料清单 ·························· 097

  三、物料账卡 ································· 103

第三篇　仓储现场管理实操

  仓库是企业物资供应体系的一个重要组成部分，是企业各种物资周转储备的环节，同时担负着物资管理的多项业务职能。它的主要任务是：保管好库存物资，做到数量准确，质量完好，确保安全，收发迅速，面向生产，服务周到，降低费用，加速资金周转。

第九章　仓库入库管理 ························ 112

  一、物资入库的主要程序 ··················· 113

  二、物料接收入库 ···························· 113

  三、成品入库 ································· 125

  四、半成品入库 ······························ 127

  五、物料退仓入库 ···························· 128

第十章　仓库储存管理 ························ 132

  一、物料的堆放 ······························ 133

二、温度、湿度的控制 …………………………………………………… 141

　　三、防锈除锈处理 ………………………………………………………… 144

　　四、防霉除霉处理 ………………………………………………………… 146

　　五、仓库虫害防治 ………………………………………………………… 147

　　六、在库品质量控制 ……………………………………………………… 149

第十一章　仓库出库管理 …………………………………………………… 158

　　一、物资出库的基本要求 ………………………………………………… 159

　　二、物资出库的原则 ……………………………………………………… 159

　　三、物资出库的基本程序 ………………………………………………… 160

　　四、物料发放出库控制 …………………………………………………… 161

　　五、成品出库管理 ………………………………………………………… 174

第十二章　仓库盘点管理 …………………………………………………… 181

　　一、盘点的含义 …………………………………………………………… 182

　　二、盘点的目的 …………………………………………………………… 182

　　三、盘点的类型 …………………………………………………………… 183

　　四、盘点的方法 …………………………………………………………… 185

　　五、仓库盘点工具 ………………………………………………………… 188

　　六、盘点的步骤 …………………………………………………………… 189

　　　　他山之石　S公司配件库（2号仓库）3月末盘点计划 …………… 190

　　七、盘点管理注意事项 …………………………………………………… 199

第十三章　仓库安全管理 …………………………………………………… 201

　　一、仓库意外事故原因 …………………………………………………… 202

　　二、库区安全管理 ………………………………………………………… 202

　　三、仓库安全作业管理 …………………………………………………… 203

　　　　他山之石　仓管员安全操作规程 ………………………………… 204

　　四、仓库消防管理 ………………………………………………………… 207

　　五、物品安全管理 ………………………………………………………… 211

　　六、仓库防盗管理 ………………………………………………………… 212

第一篇

智能仓储管理

　　智能仓储是智能制造快速发展的一个重要组成部分，它具有节约用地、减轻劳动强度、避免货物损坏或遗失、消除差错、提供仓储自动化水平及管理水平、提高管理和操作人员素质、降低储运损耗、有效地减少流动资金的积压、提供物流效率等诸多优点。

　　本篇主要由以下章节组成。

　➪ 智能仓储概述

　➪ 智能仓储的硬件建设

　➪ 智能仓储的软件系统

第一章
智能仓储概述

导 读

伴随着传统行业的业务流程不断再造,对仓库的整个处理能力提出了更高的要求,传统的仓储配送已经远远跟不上时代的需求。不管是在成本管理,还是在场景上,仓库都面临着很大的压力。在传统仓储弊端横生、落后于时代的现实问题面前,智能仓储应运而生。

学习目标

1. 了解仓储业的发展历程、仓储管理的定义及管理内容。
2. 了解智能仓储定义、组成要素、智能仓储的意义、智能仓储的优劣势。
3. 掌握智能仓储与传统制造企业的益处。

学习指引

序号	学习内容	时间安排	期望目标	未达目标的改善
1	仓储业的发展历程			
2	仓储管理的认知			
3	智能仓储的定义与组成要素			
4	智能仓储的意义			
5	智能仓储的优劣势			
6	智能仓储与传统制造企业			

一、仓储业的发展历程

仓储业发展具有几百年的历史，按照其发展过程，可以把它大致分为图1-1所示的五个历史阶段。

图1-1　仓储业发展经历的阶段

（一）人工仓储

人工仓储阶段是仓储系统发展的最原始阶段，在这一阶段当中，仓库物资的输送、存储、管理和控制主要靠人工实现，效率低下，但是在当初历史背景下，人工仓储技术在相应社会生产力下具有投资少、收益快等优点，促进了物流乃至供应链的发展（图1-2）。

图1-2　人工仓储

（二）机械化仓储

机械化仓储阶段，通过传送带、工业输送车、机械手、吊车、堆垛机和升降机来移动和搬运物料，用托盘和可移动式货架等存储物料，通过人工操作机械存取设备，用限位开关、螺旋机械制动和机械监视器等控制设备的运行。

机械化仓储系统满足了仓库对移动速度、放置精度、存取高度、物品重量等方面的更高要求,机械化仓库目前还普遍存在。

(三)自动化仓储

20世纪50年代末之后,自动化技术发展与应用对仓储技术的发展起到重要的促进作用,自动导引小车(AGV)、自动货架、自动存取机器人、自动识别系统、自动分拣系统、旋转式立体货架、移动式货架和巷道式堆垛机等都加入了仓库系统自动控制设备的行列,大大提高了工作效率。

尽管此时自动化设备已经很多,但是各个设备还处于独立工作阶段,系统集成度不高,还不能实现无人化运行,被称为"自动化孤岛",自动化仓储在当前仓储行业仍占有重要地位。

(四)集成自动化仓储

到了20世纪70年代末,自动化技术被越来越多地用到生产和分配领域,而"自动化孤岛"不能满足企业对系统整体性能的更高要求,严重影响了企业效益,自动化仓库研究重点逐渐转向物资的控制和管理的实时、协调和一体化,于是便产生了"集成系统"的概念。计算机、数据采集点、机械设备的控制器等及时高效地汇总信息,使得系统各个部分有机协作,使生产的应变能力和总体效益大大超过各部分独立效益的总和。

目前,各种企业的仓储中,集成自动化仓储系统仍然是比较先进的仓储系统形式。

(五)智能自动化仓储

在20世纪90年代后期以来,人工智能技术的发展促使仓储技术向更高级的阶段——智能化方向发展。智能仓库系统是集物料搬运、仓储科学和智能技术为一体的一门综合科学技术工程,因劳动力节约、作业迅速准确、保管效率高、物流费用低等优越性而得到广泛重视。它是供应链、物流和生产制造中不可或缺的重要组成部分,其智能化管理在增加企业利润、提高企业竞争力和满足客户服务等方面已经越来越成为一个重要的因素。

智能仓储系统不仅具有集成自动化的无人参与功能,还有一定的决策的能力,利用计算机的运算速度优势,结合人工智能、优化算法等技术,实现系统决策。

二、仓储管理的认知

仓储管理是指对仓储货物的收发、结存等活动的有效控制,其目的是为企业保证仓储货物的完好无损,确保生产经营活动的正常进行,并在此基础上对各类货物的活动状况进行分类记录,以明确的图表方式表达仓储货物在数量、品质方面的状况,以及所在的地理位置、部门、订单归属和仓储分散程度等情况的综合管理形式。

(一)仓储管理的阶段

仓储管理包括物品入库、保管和出库三个阶段。物品入库是基础、保管是中心、出库是关键。如图1-3所示的是××企业仓储管理的流程。

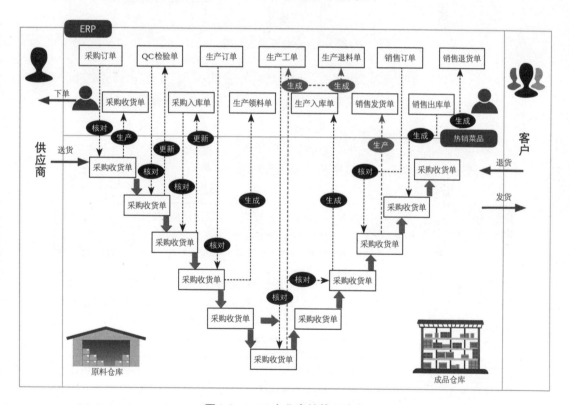

图1-3 ××企业仓储管理流程

(二)仓储管理的作用

仓储管理在企业经营中扮演着非常重要的角色,它直接影响着企业的产、供、销等各个环节的活动，在保障货物重组供给的前提下，最大限度地降低库存，直接关系到企业的经营效益。

良好的仓储管理，具有图1-4所示的作用。

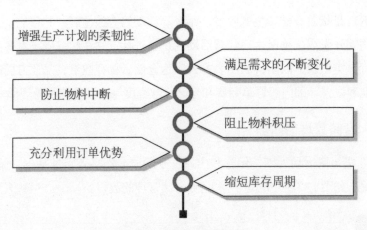

图1-4　仓储管理的作用

因此，现代企业物流为了保证生产经营活动的顺利进行，打造高效利润空间，降低生产成本，提高企业资金周转率和回报率，必须采取先进的仓储管理方法。

（三）仓储管理的主要内容

一般来说，仓储管理主要包括图1-5所示的内容。

仓库的选址与建筑	例如，仓库的选址原则、仓库建筑面积的确定、库内运输道路与作业的布置等
仓库机械作业的选择与配置	例如，如何根据仓库作业特点和所储存货物种类以及其物理、化学特性，选择机械装备以及应配备的数量；如何对这些机械进行管理等
仓库的业务管理	例如，如何组织货物入库前的验收；如何存放入库货物；如何对在库货物进行保管养护、发放出库等
仓库的库存管理	例如，如何根据企业生产的需求状况和销售状况，储存合理数量的货物，既不因为储存过少引起生产或销售中断造成的损失，也不因为储存过多占用过多的流动资金等

| 仓库的组织管理 | 例如，货源的组织、仓储计划、仓储业务、货物包装、货物养护、仓储成本核算、仓储经济效益分析、仓储货物的保税类型、保税制度和政策、保税货物的海关监管、申请保税仓库的一般程序等 |

| 仓库的信息技术 | 例如，仓库管理中信息化的应用以及仓储管理信息系统的建立和维护等问题；仓库管理软件有效提高管理效率 |

图1-5　仓储管理的主要内容

此外，仓储业务考核、新技术新方法在仓库管理中的运用、仓库安全与消防等，都是仓储管理所涉及内容。

三、智能仓储的定义与组成要素

（一）智能仓储的定义

智能仓储是一种仓储管理理念，是通过信息化、物联网和机电一体化共同实现的智慧物流，从而降低仓储成本、提高运营效率、提升仓储管理能力。智能仓储是物流过程的一个环节，智能仓储的应用，保证了货物仓库管理各个环节数据输入的速度和准确性，确保企业及时准确地掌握库存的真实数据，合理保持和控制企业库存。利用WMS系统的管理功能，更可以及时掌握所有库存货物当前所在位置，有利于提高仓库管理的工作效率。

智能仓储是仓库自动化的产物。

与智能家居类似，智能仓储可通过多种自动化和互联技术实现。这些技术协同工作可以提高仓库的生产率和效率，最大限度地减少人工数量，同时减少错误。

在手动仓库中，我们通常会看到工人随身携带清单，挑选产品，将产品装入购物车，然后将它们运送到装运码头；但在智能仓库中，订单会自动收到，之后系统确认产品是否有库存，然后将提货清单发送到机器人推车，将订购的产品放入容器中，再将它们交给工人进行下一步。

智能仓储完全解决了对人工的依赖问题，在智能仓储系统（如C-WMS）的帮助下，自动接收、识别、分类、组织和提取货物。先进的智能仓储解决方案几乎可以自动完成从供应商到客户的整个操作，并且错误很少。

（二）智能仓储的构成要素

最基本的是，智能仓储由各种相互关联的技术组成，所有这些技术都朝着相同的目标努力。这个难题的每一部分都有一项工作要做,以保持仓库的最佳运行。下面是常见的构成智能仓储的组件。

1.RFID

利用超高频RFID(Radio Frequency Identification,又称无线射频识别)系统雷达反射原理的自动识别系统,读写器通过天线向电子标签发出微波查询信号,电子标签被读写器微波能量激活,接收到微波信号后应答并发出带有标签数据信息的回波信号。射频识别技术的基本特点是采用无线电技术实现对静止的或移动的物体进行识别,达到确定待识别物体的身份、提取待识别物体的特征信息(或标识信息)的目的。

2.AGV

AGV(Automated Guided Vehicle,意即自动导引运输车)指装备有电磁或光学等自动导引装置,能够沿规定的导引路径行驶,具有安全保护以及各种移载功能的运输车,工业应用中不需驾驶员的搬运车,以可充电的蓄电池为其动力来源。一般可通过计算机来控制其行进路线以及行为,或利用电磁轨道来设立其行进路线,电磁轨道粘贴于地板上,无人搬运车则依循电磁轨道所带来的信息进行移动与动作。

3.托盘码垛机器人

托盘码垛机器人是能将不同外形尺寸的包装货物,整齐地、自动地码(或拆)在托盘上的机器人。为充分利用托盘的面积和码堆物料的稳定性,机器人具有物料码垛顺序、排列设定器。

4.立体化仓库

立体化仓库又称高层货架仓库、自动存取系统(Automatic Storage& Retrieval System,AS/RS)。它一般采用几层、十几层甚至几十层高的货架,用自动化物料搬运设备进行货物出库和入库作业的仓库。立体化仓库一般由高层货架、物料搬运设备、控制和管理设备及土建公用设施等部分构成。

5.仓库管理系统

仓库管理系统(Warehouse Management System,WMS)是通过入库业务、出库业务、仓库调拨、库存调拨和虚仓管理等功能,综合批次管理、物料对应、库存盘点、质检管理、虚仓管理和即时库存管理等功能综合运用的信息化管理系统,WMS有效控制并跟踪仓库业务的物流和成本管理全过程,实现完善的仓储信息管理。该系统既可以独立执行物流仓储库存操作,也可以实现物流仓储与企业运营、生产、采购、销售智能化集成。

6.仓库控制系统

仓储控制系统(Warehouse Control System,WCS)位于仓储管理系统(WMS)

与物流设备之间的中间层,负责协调、调度底层的各种物流设备,使底层物流设备可以执行仓储系统的业务流程,并且这个过程完全按照程序预先设定的流程执行,是保证整个物流仓储系统正常运转的核心系统。

四、智能仓储的意义

智能仓储可实现仓库的信息自动化、精细化管理,指导和规范仓库人员日常作业,完善仓库管理、整合仓库资源,并为企业带来图1-6所示的价值。

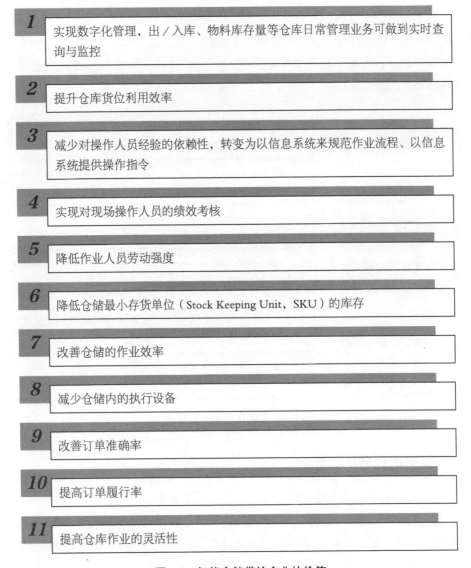

1. 实现数字化管理,出/入库、物料库存量等仓库日常管理业务可做到实时查询与监控
2. 提升仓库货位利用效率
3. 减少对操作人员经验的依赖性,转变为以信息系统来规范作业流程、以信息系统提供操作指令
4. 实现对现场操作人员的绩效考核
5. 降低作业人员劳动强度
6. 降低仓储最小存货单位(Stock Keeping Unit,SKU)的库存
7. 改善仓储的作业效率
8. 减少仓储内的执行设备
9. 改善订单准确率
10. 提高订单履行率
11. 提高仓库作业的灵活性

图1-6 智能仓储带给企业的价值

五、智能仓储的优劣势

智能仓储的应用，保证了仓库管理各个环节数据输入的速度和准确性，确保企业及时准确地掌握库存的真实数据，合理保持和控制企业库存，通过科学的编码，还可方便地对库存货物的批次、保质期等进行管理。

（一）传统仓储管理的缺点

传统的仓储管理采用手工方式，记录方式烦琐、效率低下、人为因素大、准确率不高，容易出现伪造数据、人力资源浪费、管理维护成本高，进而造成了很难保证收货、验收及发货的正确性，从而产生库存，延迟交货，进一步增加成本，以致失去为客户服务的机会。而且手工管理方式不能为管理者提供实时、快速、准确的仓库作业和库存信息，以便实施及时、准确、科学的决策，具体如图1-7所示。

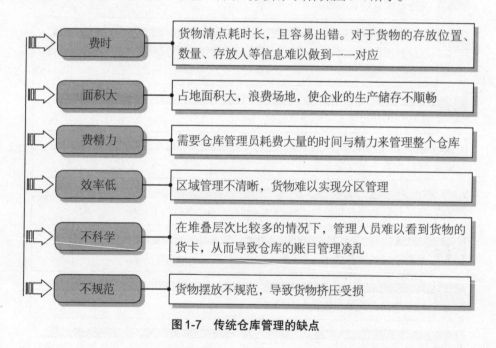

图1-7 传统仓库管理的缺点

（二）智能仓储的优势

智能仓储系统是智能制造快速发展的一个重要组成部分，它具有节约用地、减轻劳动强度、避免货物损坏或遗失、消除差错、提供仓储自动化水平及管理水平、提高管理和操作人员素质、降低储运损耗、有效减少流动资金的积压、提供物流效率等诸多优点。具体来说，智能仓储的优势如图1-8所示。

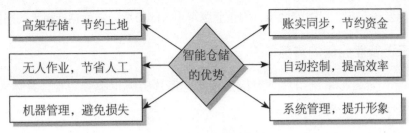

图1-8 智能仓储的优势

1. 高架存储，节约土地

在当前"地王"频现的中国，土地已成为稀缺资源，如何将有限的土地进行最大限度地利用已成为一些公司努力追求的目标。智能仓储装备系统利用高层货架储存货物，最大限度地利用空间，可大幅度降低土地成本。与普通仓库相比，一般智能立体仓库可以节省60%以上的土地面积。

2. 无人作业，节省人工

在人力资源成本逐年增高、人口红利逐渐消逝的中国，智能仓储装备系统实现无人化作业，不仅能大幅度节省人力资源，减少人力成本，还能够更好地适应黑暗、低温、有毒等特殊环境的需求，使智能仓储装备系统具有更为广阔的应用前景。

3. 机器管理，避免损失

智能仓储装备系统采用计算机进行仓储管理，可以对入库货物的数据进行记录并监控，能够做到"先进先出""自动盘点"，避免货物自然老化、变质，也能减少货物破损或丢失造成的损失。

4. 账实同步，节约资金

智能仓储装备管理系统可以做到账实同步，并可与企业内部网融合。企业只需建立合理的库存，即可保证生产全过程顺畅，从而大大提高公司的现金流，减少不必要的库存，同时也避免了人为因素造成的错账、漏账、呆账、账实不一致等问题。虽然智能仓储装备管理系统初始投入较大，但一次投入长期受益，总体来说能够实现资金的节约。

5. 自动控制，提高效率

智能仓储装备系统中物品出入库都是由计算机自动化控制的，可迅速、准确地将物品输送到指定位置，减少了车辆待装待卸时间，可大大提高仓库的存储周转效率，降低存储成本。

6. 系统管理，提升形象

智能仓储装备系统的建立，不仅能提高企业的系统管理水平，还能提升企业的整体形象以及在客户心目中的地位,为企业赢得更大的市场,进而创造更大的财富。

(三)智能仓储的劣势

智能仓储装备系统虽然具有很多优势,但其劣势也不容忽视,具体如图1-9所示。

图1-9　智能仓储的劣势

1.投资大、建设周期长

智能仓储装备建设是个系统工程,货架安装精度要求高,需要配套的设备多,设备间的连接和软件管理系统都非常复杂,安装调试难度大,需要投入资金多,建设周期较长。

2.一旦建设完成不易更改

智能仓储装备系统都是根据各企业的具体需求量身设计定制的,一旦建设完成,就限定了货架产品或其包装的最大尺寸和重量,超过规定尺寸或重量的货物,不能存入货架;相应地,其他配套设备也不能轻易改动,否则很可能会出现牵一发而动全身的尴尬被动局面。

3.保养维护依赖度大

智能仓储装备系统是一个复杂的系统,为了维持这些装备长期稳定的正常运转,必须定期进行保养和维护,同时也要根据需要对部分软件进行升级。特别是对于技术含量高的装备和软件,如码垛机器人、自动控制系统等,必须由系统供应商的专业人士进行维护和升级。这就需要客户与系统供应商保持长期联系,以便于在系统出现问题时,及时让系统供应商了解情况并解决问题。

4.业务培训技术性强

智能仓储装备系统实行自动控制与管理,投资大、技术性强,一旦出现较大操作失误将会造成严重后果。因此,所有智能仓储装备系统建成后都需要对相关工作人员进行专门的业务培训,使之能胜任工作,这也给企业的管理带来一定的难度。

5.事故一旦发生危害严重

由于智能仓储装备系统的操作需要由计算机控制多个设备来协调完成,一旦某个关键环节如计算机控制软件系统出现故障,很有可能导致整个仓库都无法正常工作。

六、智能仓储与传统制造企业

在制造企业内部,现代仓储配送中心往往与企业生产系统相融合,仓储系统作为生产系统的一部分,在企业生产管理中起着非常重要的作用。

由于智能化程度低下,缺少科学的规划和管理,很多传统制造企业的老式仓库中,长久以来存在这样一种现象:总感觉仓库东西太多但不够用,想要的东西找不到,不想要的东西又没有及时处理。仓库建设缺乏长远规划,大多使用手工管理模式,导致仓库数据不准确,管理人员不能及时处理缺货、爆仓等情况,影响企业的正常生产运营。

智慧仓储和物流技术的引入,可以帮助传统制造企业更加精准、高效地管理仓库以及零件、半成品和成品的流通,有效降低物流成本,缩短生产周期。

那么智能仓储和物流技术具体能为企业解决哪些问题呢?

制造业物流是一级供应商的接入口以及通往客户/分销商的输出口,通常需要解决以下三个问题:

① 接收并管理供应商的物料;
② 配送物料到生产线;
③ 接收下线的完成品并配送到一级客户手中。

前两个属于原材料仓储,后一个属于成品仓储,一般制造型企业会将两者分开管理。

(一)原材料仓储

1.自动入库

物料进入制造企业流通的第一个环节是入库。通过条码读取技术快速将物料信息录入系统,可以促进物流体系各个作业环节的自动化和信息化。

目前主要的条码采集手段是手持设备扫描,其优点是移动性较好,灵活度高,缺点是效率较低,错误率高,人力成本高。

先进的固定式扫描方式,可通过传感器和智能摄像机完成对包装上的数字码信息的采集、识别、管理与分析,大幅提升条码的处理速度和准确率,并借助体积测量模块快速测量包装体积，实现自动扫描入库。

2. 库存优化

物料进入仓库以后，企业需要根据物料的包装体积决定如何摆放以最大化地利用空间，同时又必须兼顾各种物料的取货频次以及取货距离，实现整体效益的最大化，这是一个非常复杂的过程。

以往这些决策都是相关负责人根据主观感受做出的，缺少科学依据，效果参差不齐。自动化技术的进步，为企业决策者提供了充足的理论依据和行之有效的工具。

3. 物料搬运

装卸搬运贯穿于物流作业的始末，物流机器人的应用直接提高了物流系统的效率和效益，是实现智慧物流的重要设备。

一方面，通过使用智能仓储机器人，可大幅降低工人劳动强度，提升生产效率和质量；另一方面，配套的机器人调度系统和智能仓储管理系统采用大数据分析技术对仓储进行布局，能大幅提升仓储的作业效率和跨生产线生产的安全性。

（二）成品仓储

产品生产出来以后，制造企业还需要将它们运输到全国各地的仓储中心，并最终送到客户和分销商手中。

那么制造企业该如何选择仓储中心的地理位置，以实现最大范围的区域覆盖？每个仓储中心该分配多少商品，才不会形成货物积压？产品运输途中如何选择车辆行驶路线，才能将运输成本最小化呢？这些都是制造企业需要考虑的问题。

以人工智能和运筹学算法为核心的智慧仓储及物流技术，其优势显而易见。但是，智慧仓储和物流是个系统级工程，实现起来并不容易。

国内制造业主要以中小型企业为主，要为每个企业提供一套定制化的解决方案成本过高，行业标准的缺失又使得难以制定一套能够推广到整个行业的方案。此外，硬件升级改造的成本也考验着企业决策者的魄力。

不过，毋庸置疑，制造企业物流和仓储系统智能化改造带来的收益将远大于投入，未来技术进一步成熟，其成本将大幅降低。

第二章 智能仓储的硬件建设

导 读

在对仓储布局进行合理规划的前提下,企业可以投入智能化的硬件设施来提高仓储的运作效率,这些新型硬件设备的使用不仅会增大仓储的自动化水平和物流运作效率,还会给企业带来可观的经济收益。

学习目标

1. 了解电子标签系统、自动化运输系统、自动存储系统——自动化立体仓库、自动分拣系统、机器人分拣系统、"货到人"拣选系统、语音自动化拣选系统等的定义。

2. 掌握电子标签系统、自动化运输系统、自动存储系统——自动化立体仓库、自动分拣系统、机器人分拣系统、"货到人"拣选系统、语音自动化拣选系统等的构成。

学习指引

序号	学习内容	时间安排	期望目标	未达目标的改善
1	电子标签系统			
2	自动化运输系统			
3	自动存储系统——自动化立体仓库			
4	自动分拣系统			
5	机器人分拣系统			
6	"货到人"拣选系统			
7	语音自动化拣选系统			

一、电子标签系统

电子标签即RFID标签，是RFID的俗称。RFID是Radio Frequency Identification（无线电射频识别）的缩写，是一种通信技术，可通过无线电信号识别特定目标并读写相关数据，而无须识别系统与特定目标之间建立机械或光学接触。

最基本的电子标签系统由以下三部分组成。

（一）标签

电子标签也称为应答器或智能标签，由耦合元件及芯片组成，每个标签具有唯一的电子编码，高容量电子标签有用户可写入的存储空间，附着在物体上标识目标对象（图2-1）。

图2-1 托盘类电子标签

（二）读写器

读写器是手持或固定式读取（有时还可以写入）标签信息的设备。读写器是构成RFID系统的重要部件之一，由于它能够将数据写到RFID标签中，因此称为读写器（图2-2和图2-3）。

图2-2 固定式读写器

图2-3 手持式读写器

（三）天线

天线是一种以电磁波形式把前端射频信号功率接收或辐射出去的设备，在标签和阅读器间传递射频信号。在RFID系统中，天线分为电子标签天线和读写器天线两大类，分别承担接收能量和发射能量的作用。

二、自动化运输系统

自动化运输系统主要包括皮带输送线、滚筒输送线以及托盘输送线等，主要用于纸箱和周转箱的输送，相关厂家主要有瑞仕格、德马泰克、德马等。这个系统很多厂家都能做，其技术含量比其他要相对低一些。

（一）皮带输送线

皮带输送线也称皮带输送机，是运用输送带的连续或间歇运动来输送各种轻重不同的物品，既可输送各种散料，也可输送各种纸箱、包装袋等单件重量不大的件货，用途广泛。

皮带输送机的结构形式有槽形皮带机（图2-4）、平形皮带机（图2-5）、爬坡皮带机（图2-6）、转弯皮带机（图2-7）等多种形式。

图2-4　槽形皮带机

图2-5　平形皮带机

图2-6　爬坡皮带机

图2-7　转弯皮带机

输送带的材质有橡胶、硅胶、PVC（聚氯乙烯）、PU（聚氨酯）等多种材质，除用于普通物料的输送外，还可满足耐油、耐腐蚀、防静电等有特殊要求物料的输送。采用专用的食品级输送带，可满足食品、制药、日用化工等行业的要求。

皮带输送机可应用于轻工、电子、食品、化工、木业、机械等行业。

（二）滚筒输送线

滚筒输送线是指能够输送单件重量很大的物料，或承受较大的冲击载荷的机械。适用于各类箱、包、托盘等件货的输送，散料、小件物品或不规则的物品需放在托盘上或周转箱内输送（图2-8）。

滚筒输送线适用于电子、饮料、食品、包装、机械、轻工、烟草、化工、医药、橡塑、汽摩、物流等行业。

（三）托盘输送线

托盘输送线是指在驱动装置的驱动下，利用滚筒或链条作为承载物，对托盘及其上的货物进行输送（图2-9）。

图2-8　滚筒输送线

图2-9　托盘输送线

托盘输送线具有能输送较重的货物，输送能力大，安全、经济的优点。托盘输送线适用于对食品、罐头、药品、饮料、化妆品和洗涤用品等的输送。

三、自动存储系统——自动化立体仓库

自动化立体仓库（Automated Storage and Retrieval System，AS/RS）又称高层货架仓库、自动存储系统，是现代物流系统的一个重要组成部分，在各行各界都得到了广泛的应用（图2-10）。

图2-10 自动化立体仓库

（一）自动化立体仓库的优点

自动化立体仓库能充分利用存储空间，通过WMS可实现设备的联机控制，以先入先出的原则，迅速准确地处理货品，合理地进行库存数据管理。具体来说，自动化立体仓库具有图2-11所示的优点。

提高空间利用率	充分利用了仓库的垂直空间，单位面积的存储量远大于传统仓库。此外，传统仓库必须将物品归类存放，造成大量空间闲置，自动化立体仓库可以随机存储，任意货物存放于任意空仓内，由系统自动记录准确位置，大大提高了空间的利用率
实现物料先进先出	传统仓库由于空间限制，将物料码放堆砌，常常是先进后出，导致物料积压浪费。自动化立体仓库系统能够自动绑定每一票物料的入库时间，自动实现物料先进先出
智能作业账实同步	传统仓库的管理涉及大量的单据传递，且很多由手工录入，流程冗杂且容易出错。立体仓库管理系统与ERP系统对接后，从生产计划的制订开始到下达货物的出入库指令，可实现全流程自动化作业，且系统自动过账，保证了信息准确及时，避免了账实不同步的问题
满足货物对环境的要求	相较传统仓库，能较好地满足特殊仓储环境的需要，如避光、低温、有毒等特殊环境。保证货品在整个仓储过程的安全运行，提高了作业质量

图2-11

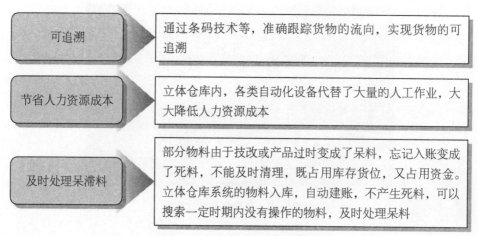

图2-11 自动化立体仓库的优点

（二）自动化立体仓库的功能

自动化立体仓库具有图2-12所示的功能。

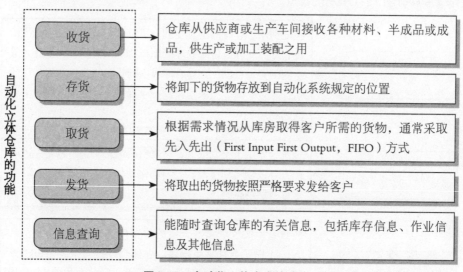

图2-12 自动化立体仓库的功能

（三）自动化立体仓库的构成

自动化立体仓库的主体由货架、巷道式堆垛起重机、入（出）库工作台和自动运进（出）及操作控制系统组成。

1.高层货架

通过立体货架实现货物存储功能，充分利用立体空间，并起到支撑堆垛机的作用

[图2-13（a）]。根据货物承载单元的不同，立体货架又分为托盘货架系统和周转箱货架系统。

2. 巷道式堆垛机

巷道式堆垛机是自动化立体仓库的核心起重及运输设备，在高层货架的巷道内沿着轨道运行，实现取送货物的功能。巷道式堆垛机主要分为单立柱堆垛机和双立柱堆垛机［图2-13（b）］。

（a）　　　　　　　　　　　　单立柱碓垛机　　双立柱碓垛机
　　　　　　　　　　　　　　　　　　（b）

图2-13　托盘货架系统

3. 出入库输送系统

巷道式堆垛机只能在巷道内进行作业，而货物存储单元在巷道外的出入库需要通过出入库输送系统完成。

常见的输送系统有传输带、穿梭车RGV（Rail Guided Vehicle）、自动导引车（AGV）、叉车、拆码垛机器人等（图2-14～图2-16），输送系统与巷道式堆垛机对接，配合堆垛机完成货物的搬运、运输等作业。

图2-14　拆码垛机器人

图2-15　RGV穿梭车

图2-16 AGV搬运机器人

4.周边设备

周边辅助设备包括自动识别系统、自动分拣设备等,其作用都是为了扩充自动化立体仓库的功能,如可以扩展到分类、计量、包装、分拣等功能。

5.自动控制系统

自动控制系统是整个自动化立体仓库系统设备执行的控制核心,向上连接物流调度系统,接收物料的输送指令;向下连接输送设备实现底层输送设备的驱动、输送物料的检测与识别,完成物料输送及过程控制信息的传递。

自动控制系统主要是采用现场总线的方式,控制设备工作。管理控制系统是自动化立体仓库的软件部分,它决定了自动化立体仓库得以自动化、智能化、无人化作业。

6.仓储管理系统

仓储管理系统是对订单、需求、出入库、货位、不合格品、库存状态等各类仓储管理信息的分析和管理。该系统是自动化立体仓库系统的核心,是保证立体库更好使用的关键。

(四)自动化立体仓库的设计

1.主要设计原则

好的自动化仓库系统一般都遵循以下几个原则:

① 系统高性能、低造价（高性价比）；
② 尽量使用简单合适的设备，使用设备最少，简化整个物流系统；
③ 物品处理次数最少，整体运行效率最高；
④ 充分考虑人员和系统的安全；
⑤ 无人化程度高，尽量减少人工干预；
⑥ 满足国家和行业有关标准，尽量采用标准的零部件和系统；
⑦ 操作、维护简单、方便；
⑧ 降低使用和维护成本；
⑨ 系统集成商较高的服务质量；
⑩ 灵活性高，系统易于改进、扩充和升级。

此外，还有降低能耗、环保等方面的要求。在具体特定的场合下，以上原则有些可能是互相影响的，甚至互相制约的。为了做出最好的设计，设计人员必须具有扎实的理论基础、丰富的实际经验和对买方要求的深入了解，并做出取舍，对相关的原则进行修正和补充。

2. 主要性能参数

① 库存容量：立体仓库的容量，包括所有需储存和暂存在该立体仓库中的物品总量。

② 系统工作能力：立体仓库物流系统出库、入库和操作的能力。

③ 信息处理：立体仓库信息处理的能力，包括信息采集、信息加工、信息查询、信息通信甚至业务信息处理等方面的能力。

④ 周边物流处理：如何将货物卸车、检验、组盘、运送到高层货架的巷道口，货物从高层货架取出后拆盘、合并、拣选、搬运、装车等处理。

⑤ 人机衔接能力：操作人员与该系统的衔接、人机界面、信息录入、检验不合格品的处理、进入自动搬运线等。

3. 规划设计步骤

为完成一个自动化立体仓库的设计，应组织相关有经验的技术人员进行如图2-17所示工作。

第一步	需求分析
	对买方提出的要求和数据进行归纳、分析和整理，确定设计目标和设计标准，还应认真研究工作的可行性、时间进度、组织措施及影响设计的其他因素

图2-17

第二步 确定货物单元形式及规格

根据调查和统计结果,并综合考虑多种因素,确定合理的单元形式及规格。这一步很重要,因为它是以下各步设计和实施的基础

第三步 确定自动化仓库的形式、作业方式和机械设备参数

立体仓库的形式有很多种,一般多采用单元货格形式。根据工艺要求确定作业方式,选择或设计合适的物流搬运设备,确定它们的参数

第四步 建立模型

确定各物流设备的数量、尺寸、安放位置、运行范围等仓库内的布置,以及相互间的衔接

第五步 确定工艺流程,对仓库系统工作能力进行仿真计算

确定仓库存取模式,以及工艺流程。通过物流仿真软件和计算,得出物流系统作业周期和能力的数据;根据仿真计算的结果,调整各有关参数和配置,直到满足要求为止

第六步 确定控制方式和仓库管理方式

控制方式有多种,主要是根据以上的设备选择合理的方式,并满足买方需求。一般是通过计算机信息系统进行仓库管理,确定涉及哪些业务部门、计算机网络及数据处理的方式、相互之间的接口和操作等

第七步 确定自动化系统的技术参数和配置

根据设计确定自动化设备的配置和技术参数,例如,选择什么样的计算机、控制器等问题

第八步 确定边界条件

明确有关各方的工作范围、工作界面以及界面间的衔接

第九步 提出对土建及公用工程的要求

提出对基础承载、动力供电、照明、通风采暖、给排水、报警、温湿度、洁净度等方面的要求

第十步	形成完整的系统技术方案
	考虑其他各种有关因素，与买方讨论，综合调整方案，最后形成切实可行的初步技术方案

图2-17　规划设计步骤

4.应注意的几个问题

① 不要过分追求单台（种）设备的高性能，而忽视了整体系统的性能。

② 各种要求应适当，关键是要满足自己的使用要求。要求太低满足不了使用需要，过高的要求将可能使系统造价过高、可靠性降低、实施困难、维护不便或灵活性变差等。

③ 确定工期要实事求是，过短的工期可能会造成系统质量的下降，或不可能按期交工。

④ 系统日常维护十分重要，和我们保养汽车的道理一样，应经常对系统进行保养，使系统保持良好的工作状态，延长系统使用寿命，及时发现故障隐患。

⑤ 为使用好自动化立体仓库，需要有高素质的管理和维护人才，需要有相应的配套措施。

四、自动分拣系统

自动分拣系统（Automatic Sorting System，ASS）是先进配送中心所必需的设施条件之一（图2-18）。可将随机的、不同类别、不同去向的物品，按产品的类别或产品目的地，从产品仓库或者是货架，经过拣选后按照系统要求的路径送到仓库出货装车位置。自动分拣系统具有很高的分拣效率，通常每小时可分拣商品6000～12000箱。

图2-18　自动分拣系统

自动分拣系统一般由控制装置、分类装置、输送装置及分拣道口组成。

（一）控制装置

控制装置的作用是识别、接收和处理分拣信号，根据分拣信号的要求指示分类装置按商品品种、商品送达地点或货主的类别对商品进行自动分类。

这些分拣需求可以通过如图2-19所示的不同方式，输入分拣控制系统中去，根据对这些分拣信号判断，来决定某一种商品该进入哪一个分拣道口。

图2-19　分拣需求的读取方式

（二）分类装置

分类装置的作用是根据控制装置发出的分拣指示，当具有相同分拣信号的商品经过该装置时，该装置动作，改变输送装置上的运行方向使其进入其他输送机或进入分拣道口。

分类装置的种类很多，一般有如图2-20所示的几种，不同的装置对分拣货物的包装材料、包装重量、包装物底面的平滑程度等有不完全相同的要求。

图2-20　分类装置的种类

（三）输送装置

输送装置的主要组成部分是传送带或输送机，其主要作用是使待分拣商品通过控制装置、分类装置（输送装置的两侧，一般要连接若干分拣道口），使分好类的商品滑下主输送机（或主传送带）以便进行后续作业。

（四）分拣道口

分拣道口是已分拣商品脱离主输送机（或主传送带）进入集货区域的通道，一般由钢带、皮带、滚筒等组成滑道，使商品从主输送装置滑向集货站台，在那里由工作人员将该道口的所有商品集中后或是入库储存，或是组配装车并进行配送作业。

以上四部分装置通过计算机网络联结在一起，配合人工控制及相应的人工处理环节构成一个完整的自动分拣系统。

五、机器人分拣系统

基于快递物流客户高效、准确的分拣需求，分拣机器人系统应运而生。通过分拣机器人系统与工业照相机的快速读码及智能分拣系统相结合，可实现包裹称重/读码后的快速分拣及信息记录交互等工作（图2-21）。

图2-21 分拣机器人

分拣机器人系统可大量减少分拣过程中的人工需求，提高分拣效率及自动化程度，并大幅度提高分拣准确率。一般来说，机器人分拣系统的作业流程如图2-22所示。

图2-22 机器人分拣系统的作业流程

（一）揽件

包裹到达分拣中心后，卸货至皮带机，由工作人员控制供件节奏，包裹经皮带机输送至拣货区工位。

（二）放件

工人只需将包裹以面单朝上的方向放置在排队等候的自动分拣机器人上，机器人搬运包裹过龙门架进行面单扫描以读取订单信息，同时机器人可自动完成包裹称重，该包裹的信息将直接显示并上传到控制系统中。

（三）分拣

所有分拣机器人均由后台管理系统控制和调度，并根据算法优化为每个机器人安排最优路径进行包裹投递。

比如，Geek+的S系列分拣机器人在分拣作业过程中可完成互相避让、自动避障等功能，系统根据实时的道路运行状况尽可能的使机器人避开拥堵。当机器人运行至目的地格口时，停止运行并通过机器人上方的辊道将包裹推入格口，包裹顺着滑道落入一楼集包区域。目的地格口按照城市设置。未来随着业务量的增加，可灵活调度调节格口数量，甚至一个城市分布多个格口。

（四）集包装车

集包工人打包完毕后，将包裹放上传送带，完成包裹的自动装车。

随着大数据算法的日趋完善化、快递邮件信息逐步标准化、智能控制系统集成化，分拣机器人系统已成为物流业由劳动密集型产业向批量智能化转型高度契合的产物。

六、"货到人"拣选系统

所谓"货到人"拣选系统，简单来说就是在物流中心的拣选作业过程中，由自动化物流系统将货物搬运至固定站点以供拣选，即货动，人不动（图2-23）。

一般"货到人"拣选系统主要由储存系统、输送系统、拣选工作站三大部分组成。

图2-23 "货到人"拣选

① 储存系统是基础,其自动化水平决定了整个"货到人"系统的存取能力,随着拆零拣选作业越来越多,货物存储单元也由过去的以托盘为主转向纸箱/料箱。

② 输送系统负责将货物自动送到拣货员面前,它需要与快速存取能力相匹配。

③ 拣选工作站完成按订单拣货,拣货人员借助电子标签、射频(Radio Frequency,RF)、称重、扫描等一系列技术,提高拣货速度与准确率。

七、语音自动化拣选系统

语音拣选系统是仓储系统的一部分,是一款新型的仓储内部管理语音分拣系统,简称虚拟专用服务器(Virtual Private Server,VPS),通常与仓储系统配套使用。

语音拣选系统移动端通过耳机下达语音拣货任务,捡货人员获取任务,然后捡货人员到达指定地点扫描旧箱号、换新箱号,通过耳麦语音回复拣货内容,直到拣货完成。

语音拣选系统的应用可为企业带来如图2-24所示的效益。

操作效率加倍提升	语音拣选系统能完美体现出高效拣货的优势,以"解放双手、解放双眼"的轻松工作方式,使操作人员抛开了纸、笔、标签、扫描器、显示器等的羁绊,连续地、高效地、专心地操作,作业效率大幅提升
订单错误率下降	高准确率拣选的保障是语音系统中的"校验码",只有听到正确的校验数字后,系统才会向操作员提供拣货数量,这样就避免了误操作

图2-24

| 培训费用低 | 语音拣选主要训练其准确听、说需要用到的关键词汇，操作员戴上耳机和移动终端即可开始工作，培训时间短而且培训费用低 |

| 员工满意度提高 | 语音拣选使员工满意度提高，主要原因在于降低了工作劳动强度，增加了工作的趣味性，降低了工作难度，增加了工作的安全度，使其工作热情得到提高 |

图2-24　语音拣货系统的应用效益

第三章
智能仓储的软件系统

导 读

智能仓储体系的一个最大特点就是多功能集成,除了传统的库存管理外,还要实现对流通中货物的检验、识别、计量、保管、加工以及集散等功能,而这些功能得以顺利实现,都依赖于智能仓储软件管理系统。

学习目标

1. 了解RFID仓储管理系统的组成、结构、优势、特点,掌握RFID仓储管理系统的功能模块。
2. 了解WMS智能仓储管理系统的优势,掌握WMS系统可实现的功能。
3. 掌握WCS仓储控制系统的地位,掌握WCS系统的功能。

学习指引

序号	学习内容	时间安排	期望目标	未达目标的改善
1	RFID仓储管理系统			
2	WMS智能仓储管理系统			
3	WCS仓储控制系统			

一、RFID仓储管理系统

RFID仓储管理系统是一个基于RFID识别技术为货物识别追踪、管理和查验货物信息的平台,其中追踪主要包括配送需求、货物送货、货物入库和配送超时等功能模块。该系统将先进的RFID识别技术和计算机的数据库管理查询相结合,自动识别货物信息,实现企业物流运作的自动化、信息化、智能化的需求,同时实现RFID技术与企业信息化体系的无缝对接,确保RFID技术在企业物流作业中发挥最大效益。

(一)RFID仓储管理系统组成

RFID仓储管理系统采用B/S+C/S结构,由数据追溯平台(B/S)和手持客户端程序(C/S)两部分组成,其中数据追溯平台具有管理与企业ERP系统数据对接、客户端数据接口支持和追溯信息查看等功能。RFID仓储管理系统的网络结构如图3-1所示。

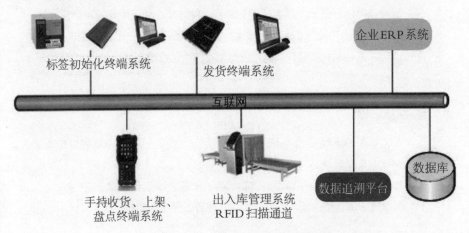

图3-1 RFID仓储管理系统的网络结构

客户端程序根据软件使用环境分为如图3-2所示的两种。

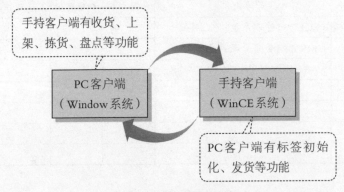

图3-2 客户端程序分类

（二）RFID仓储管理系统结构

RFID仓储管理系统硬件主要由RFID标签、固定式读写器、手持式读写器、服务器、个人电脑等组成，通过网络实现相互连接和数据交换。

RFID仓储管理系统软件由供应链管理系统、RFID标签发行系统和RFID标签识别采集系统组成，这几个系统互相联系，共同完成物品管理的各个流程。后台数据库管理系统是整个系统的核心，RFID识别采集是实现管理功能的基础和手段。RFID仓储管理系统软件结构。

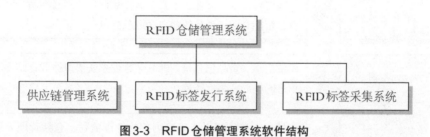

图3-3　RFID仓储管理系统软件结构

1.供应链管理系统

供应链管理系统由数据库服务器和管理终端组成，是系统的数据中心，负责与读写器的数据通信，将读写器上传的数据转换并插入供应链仓储管理系统的数据库中，对标签管理信息、发行标签和采集标签信息集中进行储存和处理。

2.RFID标签发行系统

RFID标签发行系统由发卡机和标签信息管理软件组成，负责完成库位标签、物品标签、包装箱标签的信息写入和标签ID号的更改、授权和加密等。标签信息管理软件嵌入后台系统中，实现与供应链系统中的一一对应。

3.RFID标签采集系统

RFID标签采集系统由读写器、手持机和标签等组成，读写器和手持机自动识别物品上的标签信息，并将信息发送到后台系统进行分析和整理，从而判断物品入库、出库、调拨和维修流程等。

（三）RFID仓储管理系统的优势

RFID仓储物流管理系统对企业物流货品进行智能化、信息化管理，实现自动发送配送需求信息、实时跟踪货品送货情况、自动记录货品入库信息、系统自动报警和与WMS系统实时对接等功能。具体来说，RFID仓储管理系统具有图3-4所示的优势。

| 出入库自动化 | 不再需要各种单据交接货品，不再需要补录出入库信息。RFID智能仓储系统能自动查询货品信息、自动提交出入库信息、全程实时反映现场作业 |

| 高效理货 | 不必考虑是否记住库位存货、不必考虑物品移动后查找困难，智能仓储系统可以快速查询各自库位上的货品信息、快速提交货品变化信息、彻底解决理货难题 |

| 精准盘点 | 不需要打印纸质文件，不必记载货品信息，不必手动汇总库存，智能仓储管理系统能自动汇总盘点 |

| 自动识别 | 库位信息、货品信息是智能仓储管理系统快速抓取仓储管理信息的根底，精准高效 |

| 标准化流程 | 包括出入库流程以及库房内部的管理流程，仓储管理无盲区，并能大大提高作业效率 |

图3-4　RFID仓储管理系统的优势

（四）RFID仓储管理系统的特点

RFID仓储管理系统全面支持多仓库管理要求，能够通过一套系统快速实现对于客户分布于全国的仓库网络进行集中管理，并有效地为大量不同的仓库提供差异化物流与供应链管理服务。相关仓库间可以实现联动作业，以构建一体化的库存服务体系；集中部署，全局视角，对各类业务可以全局掌握和局部协调，可以实时查看分析、统计报表。具体来说，RFID仓储管理具有如图3-5所示的特点。

图3-5　RFID仓储管理系统的特点

1. 实现货物的先进先出管理

RFID仓库管理系统利用先进的RFID、无线局域网、数据库等先进技术，将整个仓库管理与射频识别技术相结合，能够高效地完成各种业务操作，改进仓库管理，提升效率及价值。对于每一批入库的货物，其入库时间、存放货位等信息均由系统自动记录，当货物出库时，就可在此基础上实现货物的先进先出管理。

2.仓库库存实时化管理

原始仓库的库存管理依靠的是手工报表，人工统计的方式来实现，导致各个部门间无法及时确切了解库存信息。此外，随着业务的发展，日进出货物数量、品种逐步扩大，客户需求也日趋复杂。能否实现仓库库存的实时化管理已经成为影响建立快速、高效的运营体系的重要因素。RFID仓库管理系统可以实时、准确地掌握仓库的库存情况，为各级领导和相关部门优化库存、生产经营决策提供了科学的依据。

3.减少盘点周期、降低配送成本

传统的仓库盘点是费时费力的事情，RFID仓库管理系统，可缩减仓库盘点周期，提高数据实时性，实时动态掌握库存情况，实现对库存物品的可视化管理，提高拣选与分发过程的效率与准确率，并加快配送的速度，解放工人劳动力。

4.先进的RFID数据采集作业

系统采用先进的RFID数据采集作业方式，可实现在仓库管理系统中各个关键作业环节——入库、出库、盘点、定位中数据的快速准确地采集，确保企业及时准确地掌握库存的真实数据，为企业决策提供有效依据。

（五）RFID仓储管理系统的功能模块

RFID仓储物流管理系统由发卡贴标、出库管理系统、调拨移位、库存盘点、入库管理系统和附加功能组成（图3-6）。出库管理系统包含出库货物申领、出库货物识别、出库记录下传；入库管理系统包含库位分配设置、卸货物品识别、入库记录管理。

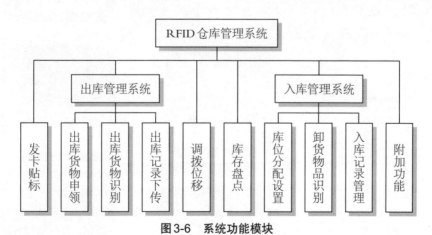

图3-6 系统功能模块

1.发卡贴标

对新购置的货物进行贴标的操作，使其配备电子标签。标签的唯一ID号或用户写入数据可作为货物的标识码，其数据用于记录货物名称、购入时间、所属仓库、货物属性等信息。当安装在各个通道的读写器识别到标签时便可自动获取货物的所有信息。

2.货物入库

首先，对需要入库的货物在系统上先安排库位，如货物属于哪类，需要放置在哪个仓库，哪个货架；其次，将所有已贴有标签的物品放到待入库区，从入通道运入仓库内；当经过通道时，RFID读写器会自动识别标签信息，若读写器识别的标签信息及数量正确则入库，若读写器识别的标签信息错误或数量少时，系统则进行提示；在入库时操作人员根据标签信息和系统提示准确可将货物存放到相应的仓库区域，同时系统将自动跟踪物品信息（日期、材料、类别、数量等），并形成入库单明细，如图3-7所示。

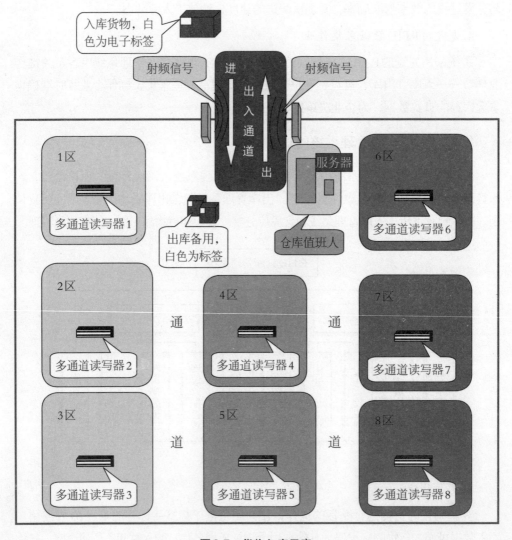

图3-7 货物入库示意

3. 货物出库

货物出库，需在计算机上填写需要出库物品申请单；仓库管理人员接到出库单后通过手持机或者查询服务器找出相应物品，并将货物放置在待出库区域；将贴有电子标签的待出库货物通过进出通道被读写器识别后再进行装车；出通道读写器将识别到的电子标签信息与出库申请单核对，确认装车货物是否一致，若不一致则重复识别或补充缺货；系统自动更新物品信息（日期、材料、类别、数量等），并形成出库单明细，如图3-8所示。

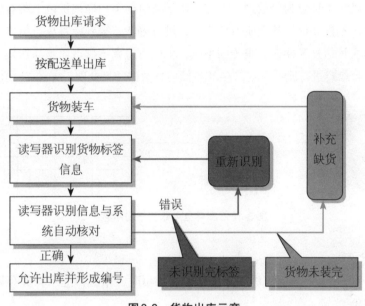

图3-8　货物出库示意

4. 调拨和移库

要进行调拨移库的货物，通过进出通道时，会被安装在通道旁的读写器所识别，读写器记录当前标签信息，并发送至后台中心。后台中心根据进出通道识别标签的先后顺序等判断其为入库、出库还是调拨等。还可以通过手持机进行货物移位的操作，当仓库管理员发现某个货物被放错位置时，可手动安放好货物，同时通过手持机更改标签信息并发送给服务器，实现快捷便利的移位功能，如图3-9所示。

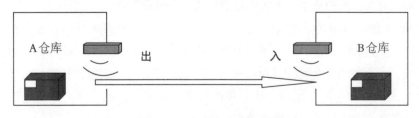

图3-9　货物调拨和移库示意

5.库存盘点

① 账账核对。仓管员通过手持机获取货位RFID标签中的信息,将该信息与仓库管理系统中的信息进行核对,管理人员只需要拿着手持机在货位间走一遍即可完成盘点。

② 账实核对。操作员通过核对具体货物的标签信息与仓库管理系统中储存信息点,具体操作如下。

主机形成盘点作业指令,操作员根据指令,持激活状态的手持机对待盘点区域进行盘点,以每个货位为单位进行盘点。用手持机逐个扫描该货位上所有货物包装上的电子标签,扫描完该货架上所有货物后,进行确认,得到标签盘点信息,通过无线局域网将包含该信息的操作日志传回主机,主机将得到该盘点信息与货架标签中的信息、原始库存信息进行比照,对产生的差额信息做进一步处理,如图3-10所示。

图3-10　库存盘点账实核对示意

6.附加功能

① 库存量预警。当库房的存量少于正常存量时,系统将提示补充存量,避免库存不足的现象。

② 防盗报警。当货物被异常挪动或未经允许带出时,读写器识别的同时即向系统报警,避免货物遗失或被盗。

二、WMS智能仓储管理系统

智能仓库管理系统(WMS)已经普遍应用于制造业、分销业及公共仓库业务中。在制造业方面,仓库管理系统以仓库作业技术的整合为主要目标,使库存成为流水线的一个流动环节,也使流水线成为库存操作的一个组成部分。

WMS系统不但包含了正常的出入库、盘点等库存管理基本功能,重点在于可以实现仓库作业过程的管理,通过条码及掌上电脑(Personal Digital Assistant,PDA)等技术手段,对仓储中作业动作及过程进行指导和规范,自动采集及记录相关数据,提高作业的准确性和速度,增加仓库管理的效率、透明度、真实度,降低仓储管理成本,从而提高企业的生产力和物流效率。

（一）WMS系统的优势

WMS系统可以独立执行库存操作，也可以实现物流仓储与企业运营、生产、采购、销售智能化集成，可为企业提供更为完整的物流管理流程和财务管理信息。具体来说，智能仓库WMS系统在实现仓储物流智能化管理业务上有5个改进点，如图3-11所示。

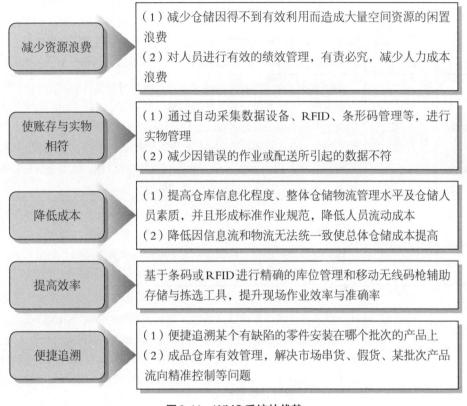

图3-11　WMS系统的优势

（二）WMS系统可实现的功能

WMS系统能控制并跟踪仓库业务的物流和成本管理全过程，实现完善的企业仓储信息管理。该系统可以独立执行库存操作，与其他系统的单据和凭证等结合使用，可提供更为全面的企业业务流程和财务管理信息。WMS一般具有以下几个功能模块：管理单独订单处理及库存控制、基本信息管理、货物流管理、信息报表、收货管理、拣选管理、盘点管理、移库管理、打印管理和后台服务系统。以下提供某制造企业WMS系统的基本功能供读者了解（表3-1）。

表3-1 某制造企业WMS系统的基本功能

序号	功能模块	功能说明
1	货位管理	采用数据收集器读取产品条形码，查询产品在货位的具体位置（如某产品在A货区B航道C货位），实现产品的全方位管理。通过终端或数据收集器实时地查看货位货量的存储情况、空间大小及产品的最大容量，管理货仓的区域、容量、体积和装备限度
2	产品质检	产成品包装完成并粘贴条码之后，运到仓库暂存区由质检部门进行检验，质检部门对检验不合格的产品扫描其包装条码，并在采集器上做出相应记录，检验完毕后把采集器与计算机进行连接，把数据上传到系统中；对合格产品生成质检单，由仓库保管人员执行生产入库操作
3	产品入库	从系统中下载入库任务到采集器中，入库时扫描其中一件产品包装上的条码，在采集器上输入相应数量，扫描货位条码（如果入库任务中指定了货位，则采集器自动进行货位核对），采集完毕后把数据上传到系统中，系统自动对数据进行处理，数据库中记录此次入库的品种、数量、入库人员、质检人员、货位、产品生产日期、班组等所有必要信息，系统并对相应货位的产品进行累加
4	物料配送	根据不同货位生成的配料清单包含非常详尽的配料信息，包括配料时间、配料工位、配料明细、配料数量等，相关保管人员在拣货时可以根据这些条码信息自动形成预警，对错误配料的明细和数量信息都可以进行预警提示，极大地提高仓库管理人员的工作效率
5	产品出库	产品出库时仓库保管人员凭销售部门的提货单，根据先入先出原则，从系统中找出相应产品数据下载到采集器中，制定出库任务，到指定的货位，先扫描货位条码（如果货位错误则采集器进行报警），然后扫描其中一件产品的条码，如果满足出库任务条件则输入数量执行出库，并核对或记录下运输单位及车辆信息（以便以后产品跟踪及追溯使用），否则采集器可报警提示
6	仓库退货	根据实际退货情况，扫描退货物品条码，导入系统生成退货单，确认后生成退货明细和账务的核算等
7	仓库盘点	根据公司制度，在系统中根据要进行盘点的仓库、品种等条件制定盘点任务，把盘点信息下载到采集器中，仓库工作人员通过到指定区域扫描产品条码输入数量的方式进行盘点，采集完毕后把数据上传到系统中，生成盘点报表
8	库存预警	仓库环节可以根据企业实际情况为仓库总量、每个品种设置上下警戒线，当库存数量接近或超出警戒线时，进行报警提示，及时地进行生产、销售等的调整，优化企业的生产和库存

续表

序号	功能模块	功能说明
9	质量追溯	此环节的数据准确性与之前的各种操作有密切关系。可根据各种属性如生产日期、品种、生产班组、质检人员、批次等对相关产品的流向进行每个信息点的跟踪；同时也可以根据相关产品属性、操作点信息对产品进行向上追溯。信息查询与分析报表在此系统基础上，可根据需要设置多个客户端，为不同的部门设定不同的权限，无论是生产部门、质检部门、销售部门、领导决策部门都可以根据所赋权限在第一时间内查询到相关的生产、库存、销售等各种可靠信息，并可进行数据分析。同时可生成并打印所规定格式的报表
10	业务批次管理	该功能提供完善的物料批次信息、批次管理设置、批号编码规则设置、日常业务处理、报表查询，以及库存管理等综合批次管理功能，使企业进一步完善批次管理，满足经营管理的需求
11	保质期管理	在批次管理基础上，针对物料提供保质期管理及到期存货预警，以满足食品和医药行业的保质期管理需求。用户可以设置保质期物料名称、录入初始数据、处理日常单据，以及查询即时库存和报表等
12	质量检验管理	集成质量管理功能是与采购、仓库、生产等环节的相关功能，实现对物料的质量控制，包括购货检验、完工检验和库存抽检三种质量检验业务。同时为仓库系统提供质量检验模块，综合处理与质量检验业务相关的检验单、质检方案和质检报表，包括设置质检方案检验单、质检业务报表等业务资料，以及查询质检报表等
13	即时库存智能管理	该功能用来查询当前物料即时库存数量和其他相关信息，库存更新控制随时更新当前库存数量，查看方式有如下多种 （1）所有仓库、仓位、物料和批次的数量信息 （2）当前物料在仓库和仓位中的库存情况 （3）当前仓库中物料的库存情况 （4）当前物料的各批次在仓库和仓位中的库存情况 （5）当前仓库及当前仓位中的物料库存情况
14	赠品管理	该功能实现赠品管理的全面解决方案，包括赠品仓库设置、连属单据定义、赠品单据设置、定义业务单据联系、日常业务流程处理以及报表查询等功能
15	虚仓管理	仓库不仅指具有实物形态的场地或建筑物，还包括不具有仓库实体形态，但代行仓库部分功能且代表物料不同管理方式的虚仓。仓库管理设置待检仓、代管仓和赠品仓三种虚仓形式，并提供专门单据和报表综合管理虚仓业务

续表

序号	功能模块	功能说明
16	仓位管理	该功能在仓库中增加仓位属性，同时进行仓位管理，以丰富仓库信息，提高库存管理质量，主要包括基础资料设置、仓库仓位设置、初始数据录入、日常业务处理和即时库存查询等
17	业务资料联查	单据关联（包括上拉式和下推式关联）是工业供需链业务流程的基础，是业务资料联查模块。在仓库系统中提供了单据、凭证、账簿、报表的全面关联，以及动态连续查询
18	多级审核管理	多级审核管理是对多级审核、审核人、审核权限和审核效果等进行授权的工作平台，是采用多角度、多级别及顺序审核处理业务单据的管理方法。它体现了工作流管理的思路，属于ERP系统的用户授权性质的基本管理设置
19	系统参数设置	该功能初始设置业务操作的基本业务信息和操作规则，包括设置系统参数、单据编码规则、打印及单据类型等，帮助用户把握业务操作规范和运作控制
20	波次计划WAVE	将多个订单合成一个订单，或将一个大订单拆分成多个小订单。主要用来提高拣货效率

当然，不同的软件公司开发出来的WMS系统，其功能也会有差异。下面列举几家国内在WMS仓储管理系统方面比较出色的公司，以供参考。

① 博科（Boke）WMS仓储管理系统功能模块，如图3-12所示。

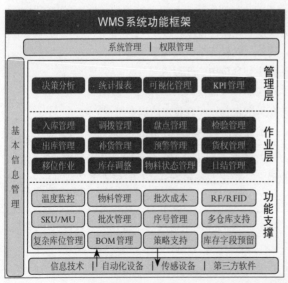

图3-12　博科（Boke）WMS仓储管理系统功能模块

② 管易云WMS仓储管理系统功能模块，如图3-13所示。

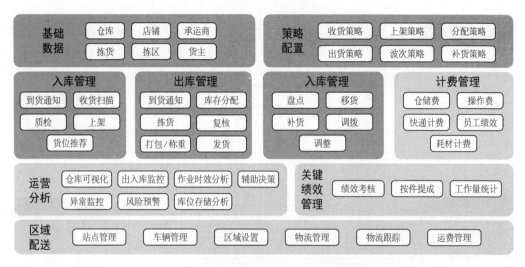

图3-13　管易云WMS仓储管理系统功能模块

③ GoldLogic WMS仓储管理系统功能模块，如图3-14所示。

图3-14　GoldLogic WMS仓储管理系统功能模块

④ 吉联（Gillion）G-WMS仓储管理系统功能模块，如图3-15所示。

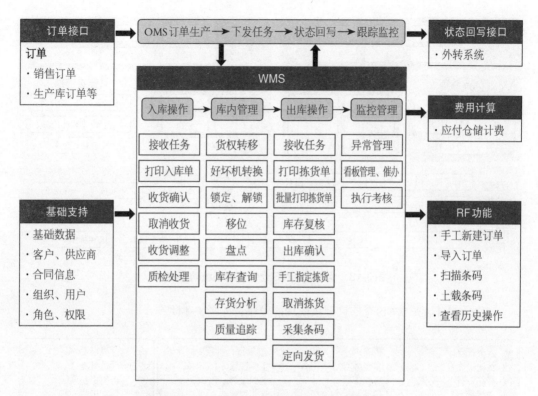

图3-15　G-WMS仓储管理系统功能模块

三、WCS仓储控制系统

WCS系统，即仓储控制系统，位于仓储管理系统（WMS）与物流设备之间的中间层，负责协调、调度底层的各种物流设备，使底层物流设备可以执行仓储系统的业务流程，并且这个过程完全是按照程序预先设定的流程执行，是保证整个物流仓储系统正常运转的核心系统，如图3-16所示。

（一）WCS系统的地位

WCS系统应用在仓库管理中，用于协调各种物流设备（如输送机、堆垛机、穿梭车以及机器人、自动导引小车）之间的运行，采用C/S（客户/服务器模式）架构，主要通过任务引擎和消息引擎，优化分解任务、分析执行路径，为上层系统的调度指令提供执行保障和优化，实现对各种设备系统接口的集成、统一调度和监控，如图3-17所示。

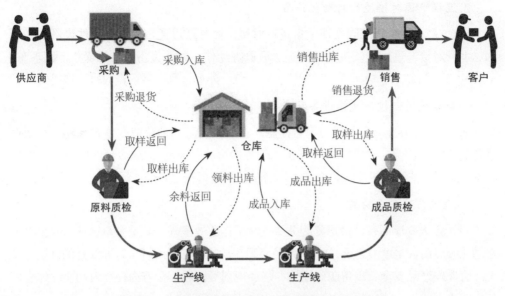

图 3-16　WCS 系统保证整个物流仓储系统正常运转

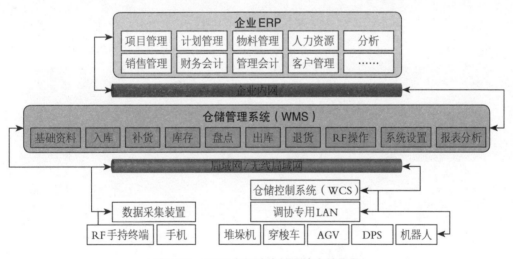

图 3-17　WCS 在智能仓储系统中的位置

（二）WCS 系统的功能

1. 与仓库内系统对接，实现仓库内信息交互

对于制造业而言，WCS 系统经常需要对接 WMS 仓储系统、MES 生成执行系统、ERP 系统等主要企业管理软件。WCS 系统在整个企业信息流中属于最底层的执行层系统，它需要向上获取上层系统的指令，指导仓库作业。

2.流程平稳对接现场自动化设备

WCS系统不是直接同硬件设备进行对接，而是通过通信协议和硬件设备的底层PLC进行对接，进而控制设备的前进、后退等动作。硬件设备有：堆垛机、四项车、AGV小车、料箱车、输送线、机械臂、贴标机、外形检测光幕、点数机、读码器等。

3.仓库现场监控，反馈设备状态

WCS系统相当于仓库现场的监控器，它能直观准确地获取立体仓库内所有硬件设备的状态、位置、预警状态以及执行任务情况。一般而言WCS系统内置三维监控系统，此系统能够更直观地将仓库现场情况，利用可视化的形态展示在仓管员面前。

4.WCS系统安全功能

对于无人仓库而言，最重要的关注点除了作业效率外，就是安全保证。安全对于自动化仓库而言是重中之重，WCS系统必须在功能设计上的各个方面注意保证设备安全、仓库内产品安全、设备防碰措施、路径规划等问题，全方面提高自动化立体仓库的安全水平。

仓储管理规划

仓储规划是对各种仓储行为进行整体的规划，对于仓储模式、仓储设施、储存空间、信息管理系统等进行决策及设计。通过合理的仓储规划可以有效地提高仓储的工作效率，减轻仓储工作人员的作业难度，更可直观地对仓储作业活动进行调控。

本篇主要由以下章节组成。

⇨ 仓库规划

⇨ 货位优化

⇨ 仓库设备配备

⇨ 仓储管理的规划

⇨ 仓库管理资料的预备

第四章 仓库规划

导 读

仓库规划是在仓库合理布局和正确选择库址的基础上,对库区的总体设计、仓库建设规模以及仓库储存保管技术水平的确定。仓库规划对合理利用仓库和发挥仓库在物流中的作用有着重要意义。

学习目标

1. 了解仓储管理的功能、仓库在生产企业中的意义与作用、仓库规划的总体要求。

2. 掌握货仓位置选择、确定仓库类别、仓区规划、仓库布局等的要求、步骤、细节、方法。

学习指引

序号	学习内容	时间安排	期望目标	未达目标的改善
1	仓储管理的功能			
2	仓库在生产企业中的意义与作用			
3	仓库规划的总体要求			
4	货仓位置选择			
5	确定仓库类别			
6	仓区规划			
7	仓库布局			

一、仓储管理的功能

凡用于储存保管物料（包括原材料、半成品、成品、工具、设备等）的场所，均称为仓库。

为了满足生产、经营的实际需求，对物料的收发、周转、管理、控制而进行的管理活动称为仓储管理。

在以往的仓储管理中，仓库的作用只是用来堆放物料或保管物料的场所，这种做法是片面的，仓储管理至少应具备以下四大功能（图4-1）。

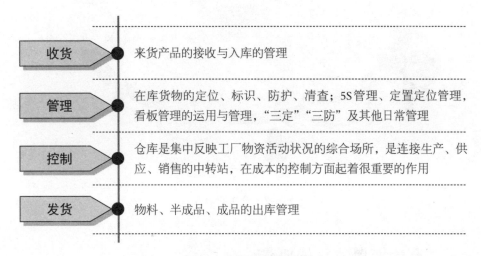

图4-1　仓库管理的功能

二、仓库在生产企业中的意义与作用

仓库作为一个公司的物料和成品积散地，担负着非常重要的作用。除银行外，公司里几乎所有的流动资产都集中在仓库，仓库物料的流动顺畅与否，物料的收发是否正常有序，直接关系到公司的各种销售业绩是否达成有效目标。仓库对物料的数字准确性也关乎生产的进度，如果物料没有及时供给生产，造成收发料的短缺，可能会影响到出货的顺利。仓库的重要性由此可见一斑。

随着工业化的进一步发展，现在许多公司传统意义上的仓库也得到了逐步改良。仓库这个部门的名称也有了很多新的叫法：货仓、仓储部、物料部、资材部、物流中心、配送中心等。但是不管叫什么名称，仓库作为它传统意义上的职能并没有发生变化。它始终担负着中转站的功能（图4-2）。仓库对于生产和货物的流通起着非常重要的作用。周转越是便捷高效，生产和流通越是顺畅，资金的回笼也越快，这也是任何一家公司所希望达到的目的。

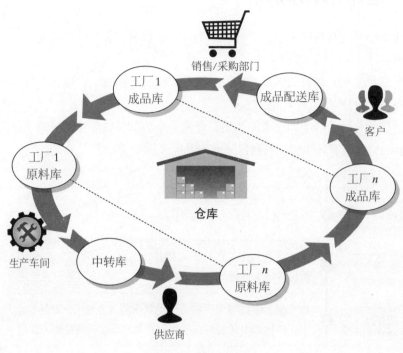

图4-2 仓库的功能

三、仓库规划的总体要求

在组建、规划仓库时,要本着方便、科学的原则,应符合表4-1所示的要求。

表4-1 仓库规划的总体要求

序号	要求	具体说明
1	符合工艺要求	(1)在地理位置上仓库须满足产品加工工序的要求 (2)相关仓区应尽可能地与加工现场相连,减少物料和产品的迂回搬运 (3)各仓区最好有相应的规范作业程序说明
2	符合进出顺利的要求	(1)在规划仓库时,要考虑到物料的运输问题 (2)要尽可能地将进出仓门与电梯相连,并规划出相应的运输通道,同时充分考虑运输路线等问题
3	满足安全	仓库是企业主要物资的集散地,在规划时要特别考虑以下两点安全因素 (1)仓库要有充足的光、气、水、电、风、消防器材等 (2)需要防火通道、安全门、应急装置和一批经过培训合格的消防人员

续表

序号	要求	具体说明
4	分类存放	对所有物资进行分析，归纳分类，然后进行分类储存 （1）常用物资仓可分为原材料仓、半成品仓和成品仓 （2）工具仓主要用于存放各种工具 （3）办公用品仓主要用于为仓库的日常管理提供各种常用办公用品 （4）特殊物料仓主要是针对有毒、易燃易爆品等进行专门存放处理

四、货仓位置选择

货仓的位置因厂而异，它取决于各工厂实际需要情形，但是在决定货仓的位置时，应考虑以下因素。

① 物料容易验收。

② 物料进仓容易。

③ 物料储存容易。

④ 在仓库里容易工作。

⑤ 仓储适合而安全。

⑥ 容易发料。

⑦ 容易搬运。

⑧ 容易盘点。

⑨ 有货仓扩充的弹性与潜能。

某工厂的货仓位置如图4-3所示。

图4-3 某工厂的货仓位置

五、确定仓库类别

工厂的仓库一般设为原料仓库、半成品仓库、成品仓库及物品仓库四类,具体如图4-4所示。

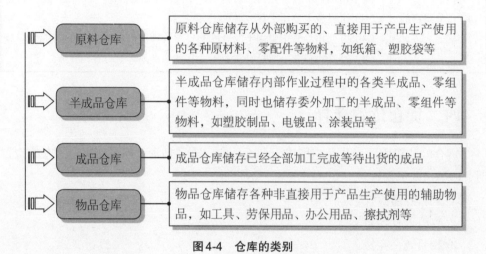

图4-4 仓库的类别

六、仓区规划

(一)货仓区位规划的要因

货仓区位规划的要因如图4-5所示。

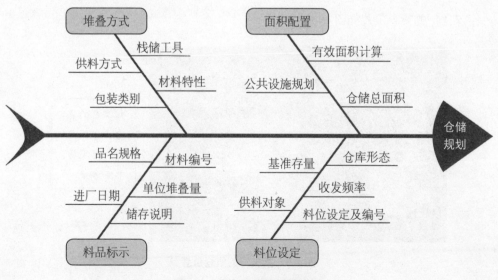

图4-5 货仓区位规划的要因

(二)货仓区位的规划设计要求

货仓区位的规划设计应满足以下要求:

① 仓区要与生产现场靠近,通道顺畅;

② 每仓要有相应的进仓门和出仓门,并有明确的标牌;

③ 货仓的办公室尽可能地设置在仓区附近,并有仓名标牌;

④ 测定安全存量、理想最低存量或定额存量,并有标牌;

⑤ 按储存容器的规格、楼面载重承受能力和叠放的限制高度,将仓区划分成若干仓位,并用油漆或美纹胶在地面标明仓位名、通道和通道走向;

⑥ 仓区内要留有必要的废次品存放区、物料暂存区、待验区、发货区等;

⑦ 仓区设计,须将安全因素考虑在内,须明确规定消防器材所在位置、消防通道和消防门的位置、救生措施等;

⑧ 货位布置应明显,可用漆划线固定,堆放物品时以漆线为界(图4-6);

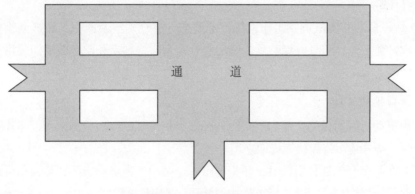

图4-6 用漆线标明货位

⑨ 每仓的进仓门处,须张贴货仓平面图,反映该仓所在的地理位置、周边环境、仓区仓位、仓门各类通道、门、窗、电梯等内容,如图4-7所示。

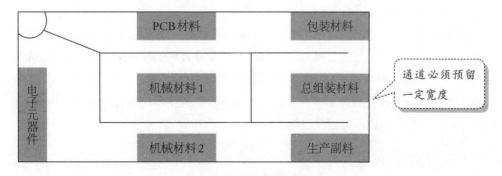

图4-7 材料仓库布局图示

（三）货仓分区分类方法

按物料种类和性质划分储存区域是大多数仓库普遍采用的分区分类方法。此方法又可分为两种：一种是按生产部门的物料使用来进行仓库储存物料的分区分类；另一种是按物料的自然属性来划分，如将怕热、怕潮、怕光、怕通风等多种不同性质的物料分别集中起来，安排在适宜储存的场所。

按照物料发往地区来分区分类的方法主要适用于成品中转仓库或待运仓间。

（四）分区分类要求

1. 摸清物料进出库规律，及时进行调整

根据本年度生产储存计划执行中可能变动的预计情况等，摸清分季、分月的主要物料进出库规律，有计划地调整货区和货位。

① 做好季节性的储存调整工作。因季节变化必须转换保管条件的物料，要及时调整储存场所。

② 做好日常的货位调整工作，每日都要统计空仓（空余面积）和抓紧物料进出中的货位平衡工作；随时并垛整堆，腾出空仓，为即将到库和储存数量即将增加的物料备足货位。

2. 预留机动货区

留有机动货区的目的，是为了巩固分区分类和暂时存放而单据未到或待验收、待整理摊晾、待分唛、待商检等场地之用。

通常在整个仓库划分货区时，预先留出一定面积作为机动货区，其大小可视仓库业务性质、物料储存量及品种的多少、物料性质和进出频繁程度以及仓储设备条件而定。

有了机动货区，某些物料入库数量如果超过固定货区容纳量，就可在机动货区暂存，择机移回原固定货区，避免到处寄存，造成混乱。

在一个库房内部，也可以考虑为某些种类物料留下适当机动仓位，以便就近调剂使用，不打乱原有的分区分类。

分区分类应该粗细适当，避免过粗造成范围不清、混淆而使管理困难；过细则徒具形式，浪费仓容，导致打乱分区。对于有些专业公司的物料，由于货量多，品种少，库房、货场面积较大，仓储物料的分区分类就可较细些，一个库房、一个货场、一排货架的物料可以做到分小类、分品名、分货号。但在零星发货的仓库，其仓储数量较少，而品种多，则不宜划分过细。

（五）收料区域设置要求

仓库要有一个特定的收料区暂放厂商所进的物料，等待检验及入库，不得随意放

置，而此收料区需分为三个区域，如图4-8所示。

某公司货仓收料区又分几个区，而且标志明显，一目了然

图4-8　收料区

① 进料待验区。仓库收料人员收到物料后，将物料放置在此区域，而且不同的物料要分开摆放，不得混合放在一起。

② 进料合格区。经由品管单位检验合格的物料，放置在此区域，等待仓库收料人员入库。

③ 进料验退区。品管检验不合格的物料或与生产管理部门所提供资料不符合要求的物料，放置在此区域，等待供应厂商处理。

七、仓库布局

（一）仓库总平面布置

仓库总平面布置是指对仓库的各个组成部分，如库房、货棚、货场、辅助建筑物、铁路专用线、库内道路、附属固定设备等在规定的范围内进行平面和立体的全面合理安排，如图4-9所示。

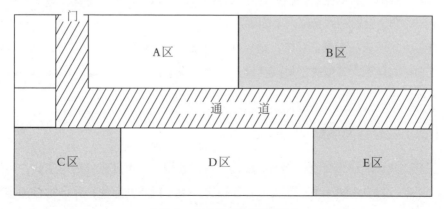

图4-9　仓库总平面布置图示

仓库总平面布置应该满足以下要求。

（1）适应仓储生产的作业流程

库房、货棚、货场等储放场所的数量和比例要与储存物料的数量和保管要求相适应，要保证库内物料流动方向合理、运输距离最短、作业环节和次数最少、仓库面积利用率最高，并能做到运输通畅、方便保管。

（2）有利于提高仓库的经济效率

总体布置时要考虑地形、工程地质条件等，因地制宜，使之既能满足物料运输和存放的要求，又能避免大挖大掘，减少土方工程量。平面布置应该与竖向布置相适应，既满足仓储生产上的要求，有利于排水，又要充分利用原有地形。总平面布置应能充分合理地利用库内的一些固定设备，以充分发挥设备的效能，合理利用空间。

（3）符合安全、卫生要求

库内各区域间、各建筑物间应该留有一定的防火间距，同时要设有各种防火、防盗等安全保护设施。此外，库内布置要符合卫生要求，考虑通风、照明、绿化等情况。

（二）仓库竖向布置

仓库竖向布置是建设场地平面布局等各因素（库房、货场、专用线、道路、排水、供电等）在地面标高线上的相对位置。仓库竖向布置要与总平面布置相适应，充分考虑各方面的条件和因素，进行综合平衡，既要满足仓储生产的需要，方便作业，又要符合安全生产的要求。

（三）确定货仓仓位大小

物料储存数量可以决定物料应保存仓位的大小。最高存量、最低存量与正常存量三项不同的数字会影响到仓位大小的确定。

仓位大小若取决于最低存量，则显然仓位太小，物料常出现为腾出仓位而辗转搬运或无仓位的现象；若取决于最高存量，常会造成仓位过大的现象。因此通常以正常存量来确定仓位的大小。

（四）货仓空间调配

货仓空间调配在于将仓储空间做最好的有效利用，它可以充分利用空间，实现最大的实用率、减少仓储成本；使物料容易取得，收发料非常方便；保证物料安排具有最大的伸缩性。某货仓实景如图4-10所示。

图4-10 某货仓实景

立体布置是指在不影响搬运的原则下尽量考虑空间的使用，如储物架，并予以编号，如图4-11所示。

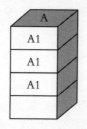 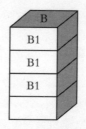 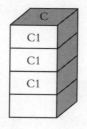

图4-11 立体布置图示

第五章 货位优化

导读

货位优化是用来确定每个品规的恰当储存方式,在恰当储存方式下的空间储位分配。货位优化追求不同设备和货架类型特征、货品分组、货位规划、人工成本内置等因素以实现最佳的货位布局,能有效掌握商品变化,将成本节约最大化。

学习目标

1. 了解货位优化的重要性,仓库管理中货位管理的要求、内容和货位规划的原则。
2. 掌握货位规划步骤及各步骤的操作要领、方式与方法。

学习指引

序号	学习内容	时间安排	期望目标	未达目标的改善
1	货位优化的重要性			
2	货位管理的要求			
3	货位管理的内容			
4	货位规划的原则			
5	货位规划的步骤			

一、货位优化的重要性

在现实的仓储管理中，常常听说有发错货、发串货的情况发生。这其中难免有仓库管理人员粗心大意的主观成分，而最主要的、客观的因素应该是仓库货位与标识不清，货物堆放无规则。打个比方，如果指定一个仓管员去某个货位取货，如果说他走错了货位，拿错了东西，这完全是人为因素造成的。而如果他既没有找错货位，也没有看错标识，却拿错了东西，这就是管理的问题了。

同理，如果你告诉一个仓管员，让他去他所管理的库房找某种物品，而不告诉他该物品堆放的位置，那么这就应该看这位仓库管理人员的管理业务水平了。如果他责任心强，即使不识货也应知道这个东西放在某个货位，因为他在此入库时就会做好记录，给这个物品做以特殊标记；如果技术水平高，管理上他也更是会井井有条，完全可以做到百里挑一，即便是不同规格的同类物品，也不会拿错，但当库存货品的数量和品类日益增加，仓管员流动频繁时，有能做到如此百里挑一者，又谈何容易。由此，不难看出货位与货位标示在仓库管理中规范使用的重要性。

二、货位管理的要求

货位管理的基本要求应该是：货位划分清晰、标识统一、标识卡填写规范。

货位与标识规范，即便仓管员从来没有见过某个货品，他只要知道存放该货品的货位，能够认清标识，就可以准确、快速地找到相应的货品。仓管员结合仓库管理软件系统，能够快速准确地定位和跟踪货品在仓库中的存储过程。仓库只要实现了货位与标识规范化管理，并与仓库管理软件系统统一融合，产品的入库、配货、整理、盘点、追踪也将变得简单易行，再通过加强仓库现场管理、堆放的标准化，仓储管理中的物流与信息流的统一的实现就不再困难。

三、货位管理的内容

（一）货品入库

首先要解决和明确的就是要存放的货位，货位确定后，就可以堆码，这样才能减少不必要的重复倒运。货物堆放好后必须要有明确的标识，以方便管理，达到账、卡、物一致。入库前仓管员通过仓库管理信息系统很容易地查询到相应货物在仓库的堆放货位信息，为相应的货物整理出空间，使得同一货物能堆放在同一货位上，从而提高仓库空间的使用率。

（二）货品出库

同样首先要解决的是根据提货单提供的信息到相应的货位上拿出正确的货号、尺码、数量的货品；同样要求达到账、卡、物一致。通过仓库管理信息系统自动查询同样很容易在提货单上提供相应货物在货位上的库存信息。

（三）货品的整理

当仓管员对仓库的货品进行整理并且货品在仓库中发生货位转移时，同样要求做到账、卡、物一致；仓管员通过仓库管理信息系统提供的货位库存查询、货位库存货品分析、货位盘点等工具，将能大大提高货物整理的准确性和高效性。

在仓库的日常管理中，之所以会发生这样或那样的错误，究其原因，就在于货位管理混乱、标识不清，仓库系统账、货位标识卡、实物不一致；反之，货位与标识管理清晰，不但使仓管员在日常管理中减少很多浪费和重复的工作，而且可以借助仓库管理软件系统做数据处理和库存数据分析，大大提高工作效率；不但有助于提高库存准确率，还可以减少基于纸面的管理和相关费用。

四、货位规划的原则

货位规划应遵循如图5-1所示八大原则。

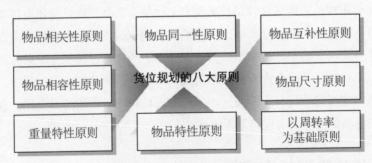

图5-1　货位规划的八大原则

（一）物品相关性原则

物品相关性原则在仓库中的运用，可以缩短货物提取路程，减少工作人员疲劳，简化清点工作。物品的相关性大小可以利用历史订单数据来做分析。

（二）物品同一性原则

物品同一性原则是指把同一物品储放于同一保管位置的原则。这样作业人员对于货品保管位置能简单熟知,并且对同一物品的存取可以花费最少搬运时间来提高物流中心作业效率。否则当同一货品散布于仓库内多个位置时,物品在存放、取出等作业时不方便,就是在盘点以及作业人员对料架物品掌握程度都可能造成困难。

(三)物品互补性原则

互补性高的货品也应存放于邻近位置,以便缺货时可迅速以另一品项替代。

(四)物品相容性原则

相容性低的物品不可放置在一起,以免损害品质。

(五)物品尺寸原则

仓管员在仓库布置时,要考虑物品单位大小以及由于相同的一类物品所造成的整批形状,以便能供应适当的空间满足某一特定要求。

仓库在存储物品时,必须要有不同大小位置的变化,用以容纳不同大小的物品和不同的容积。这一原则可以使物品存储数量和位置适当,使得拨发迅速,搬运工作及时间都能减少。一旦没有考虑仓库存储物品单位大小,将可能造成存储空间太大而浪费空间,或存储空间太小而无法存放;未考虑存储物品整批形状也可能造成整批形状太大无法同处存放。

(六)重量特性原则

重量特性原则是指按照物品重量的不同来决定储放物品于货位的高低位置。一般来说,重物应保管在地面上或料架的下层位置,而轻的物品则保管在料架的上层位置;若是以人手进行搬运作业时,人腰部以下的高度用于保管重物或大型物品,而腰部以上的高度则用来保管轻的物品或小型物品。

(七)物品特性原则

物品特性不仅涉及物品本身的危险及易腐蚀,同时也可能影响其他的物品,因此仓管员在物流中心布局时应纳入考虑因素中。

(八)以周转率为基础原则

以周转率为基础原则即将货品按周转率由大到小排序,再将此序分为若干段(通常分为三至五段),同属于一段中的货品列为同一级,依照定位或分类存储法的原则,指定存储区域给每一级货品,周转率越高的货品应离出入口越近。

五、货位规划的步骤

(一) 货位的区划

1. 货位区划的方法

企业一般是根据库房（区）的建筑形式、面积大小、库房楼层或固定通道的分布和设施设备状况，结合储存物品需要的条件，将储存场所划分为若干货库（区），每一货库（区）再划分为若干货位，每一货位固定存放一类或几类数量不多、保管条件相同的物品。货库（区）的具体划分，通常以库房为单位，即以每一座独立的仓库建筑为一个货库（区）。

2. 货位区划的注意事项

货位区划还要结合实际，随时调整，做到"专而不死，活而不乱"。在各类物品货位基本固定的情况下，当分区范围划定的品种在数量上有较大的变化时，尽量在同一大类其他分类货区内调剂储存，必要时还可调整分区分类。这样使分类储存的物品既有相对的稳定性，又有调剂的灵活性。

此外，为应对特殊情况，库房还要预留一定的机动货位，可避免固定货区因超额储存不能安排而到处乱放的问题，能够随时接收计划外入库，还可作为物品待点、整理等场地之用。

(二) 货位的规划

货位区划只是确定了各储货区存放物品的大类或品种，而货位规划则是为了解决物品的存放方法和排列位置。

1. 货位规划的定义

货位的规划，是指根据物品的外形、包装与合理的堆码苫垫方法及操作要求，结合仓储场地的地形，规划各货位的分布或货架的位置。

2. 货位规划的原则

① 货位布置要紧凑，提高仓容利用率。
② 便于收货、发货、检查、包装及装卸车，灵活合理。
③ 堆垛稳固，操作安全。
④ 通道流畅便利，叉车行驶距离短。

(三) 货位布置

货位布置方式一般有横列式、纵列式和混合式三种。

1.横列式

所谓横列式，就是货垛或货架与库房的宽度平行（图5-2）。

图5-2　横列式示意

2.纵列式

如果货垛或货架与库房的宽度垂直排列，就是纵列式（图5-3）。

图5-3　纵列式示意

3.混合式

既有横列，又有纵列，则为混合式（图5-4）。

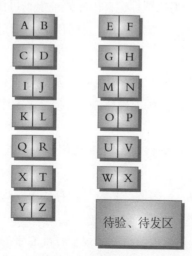

图5-4　混合式示意

（四）货位编号

货位编号，也称方位制度，它是在货位区划和货位规划的基础上，将存放物品的场所，按储存地点和位置排列，采用统一的标记，编上顺序号码，做出明显标志，并绘制分区分类、货位编号平面图或填写方位卡片，以方便仓储作业。

1. 货位编号的要求

在品种、数量很多和进出库频繁的仓库里，仓管员必须正确掌握每批货物的存放位置。货位编号就好比货物在仓库的"住址"，做好货位编号工作，应该从不同库房条件、货物类别和批量整零的情况出发，做好货位划线及编号秩序，以符合"标志明显易找，编排循规有序"的要求。

2. 货位编号的方法

货位编号的方法很多，货位区段划分和名称很不统一，采用的文字代号也多种多样。因此各仓库要根据自身的实际情况，统一规定出本库的货位划分及编号方法，以达到方便作业的目的。

工厂仓库大多采用"四号定位"法，即将库房号、区号、层次号、货位号，或库房号、货架号、层次号、货位号这四者统一编号。编号的文字代号，用英文、罗马数字或阿拉伯数字来表示，例如：以3-8-2-3来表示3号库房8区2段3货位，以4-5-3-15来表示4号库房5号货架3层15格。

3. 货位编号的标记

货位编号可标记在地坪或柱子上，也可在通道上方悬挂标牌，以便识别。货架可直接在架上标记，规模较大的仓库要求建立方位卡片制度，即将仓库所有物品的存放位置记入卡片，发放时即可将位置标记在出库凭证上，可使保管人员迅速找到货位。一般较小的仓库不一定实行方位卡片制度，将储存地点注在账页上即可。

4. 货位编号的应用

① 物料入库后，应将物料所在货位的编号及时登记在保管账、卡的"货位号"栏中，并输入计算机。货位输入的准确与否，直接决定出库货物的准确性，应认真操作，避免差错。

② 当物料所在的货位变动时，账、卡的货位号也应进行调整，做到"见账知物"和"见物知账"。

③ 为提高货位利用率，一般同一货位可以存放不同规格的物料，但必须采用具有明显区别的标志，以免造成差错。

④ 走道、支道不宜经常变动，否则不仅会打乱原来的货位编号，而且要调整库房照明设备。

（五）堆垛储存的设计

堆垛是做好货位规划工作的重要内容。堆垛也称码垛，是指将入库的物品在指定的货位（区）上向上和交叉堆放，可以增加物品在单位面积上的堆放高度和堆放数量，减少物品堆放所需的面积，提高仓容使用效能。堆垛工作的合理与否对仓储物品的质量有较大影响。物品应批号堆垛，如果批量比较小，也可按出厂日期堆垛。

1.堆垛要求

物品堆垛总的要求是根据物品性质、包装形式及库房条件（如荷重定额和面积大小）而定，尽量做到合理、牢固、定量、整齐及节省，具体如图5-5所示。

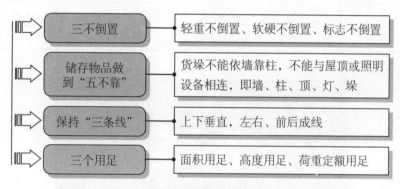

图5-5 堆垛的要求

（1）安全

安全：包括人身、物品和设备三方面的安全。

堆垛时，要做到"三不倒置"，即轻重不倒置、软硬不倒置、标志不倒置。

要留足"五距"，使储存物品做到"五不靠"。要保持"三条线"，即上下垂直，左右、前后成线，使货垛稳固、整齐、美观。

货垛的"五距"指墙距、柱距、顶距、灯距、垛距（表5-1），即货垛不能依墙靠柱，不能与屋顶或照明设备相连（图5-6）。

表5-1 货垛的"五距"

序号	类别	说明
1	墙距	指货垛和墙的距离。留出墙距，能起到防止墙壁的潮气影响物品，便于开关窗户、通风散潮、检点物品、进行消防工作和保护仓库建筑安全等作用。垛与墙的间距一般不小于0.5米
2	柱距	指货垛和室内柱的距离。留出柱距，能起到防止物品受柱子潮气的影响和保护仓库建筑安全的作用。垛与柱的间距一般不小于0.3米

续表

序号	类别	说明
3	顶距	指货垛与屋顶之间的必要距离。留出顶距,能起到通风散潮、查漏接漏、隔热散热、便于消防等作用。顶距一般规定为:平房仓库0.2～0.5米;多层建筑库房底层与中层0.2～0.5米;顶层不得低于0.5米;人字屋架无天花板的库房,货垛顶层不能顶着房梁下端,应保持0.1～0.2米的距离
4	灯距	货垛上方及四周与照明灯之间的安全距离,必须严格保持在0.5米以上,这是防火的要求
5	垛距	货垛与货垛之间的距离,视物品性能、储存场所条件、养护、消防要求、作业需要而定。在一般情况下,货垛间距为1米左右

图5-6　堆垛时不能与灯靠得太近

(2)方便

堆垛要保持物品进出库和检查盘点等作业方便。要保持走道、支道畅通,不能有阻塞现象。垛位编号要利于及时找到货物。要垛垛分清,尽量避免货垛之间相互占用货位。要垛成活垛(一货垛不被另一货垛围成"死垛"),使每垛物品有利于先进先出,快进快出,有利于盘点养护等作业。

(3)节约

节约是指对仓容量的节约。物品堆垛,必须在安全的前提下,尽量做到"三个用足",即面积用足、高度用足、荷重定额用足,充分发挥仓库使用效能。但实际上不可能所有货垛同时都达到"三个用足",因此,堆垛时一定要权衡得失,侧重考虑面积与高度或面积与荷重一个方面,堆垛前一定要正确选择货位,合理安排垛脚,堆垛方法和操作技术也要不断改进和提高。

2. 货垛的排脚

货垛的排脚,要先测定物品的可堆层数,再进行脚形排列。货垛的排脚有两个内容:一是货垛脚数的安排;二是货垛脚形的安排。脚数与脚形都是以货垛的最底层为准。排脚时,根据物品可堆高层数,先排脚数;再根据外包装占地面积和堆垛要求,排出脚形。

(1)货垛可堆层数及计算

货垛可堆层数及计算分两类。

第一类,货垛不超重可堆层数的计算。

以一件物品的占地面积计算,其计算公式是

不超重可堆层数=每件物品实占面积×每平方米库房荷重技术定额÷每件物品毛重

例如:物品面积0.48米×0.40米,毛重38千克,每平方米荷重定额1500千克,其不超重可堆层数是

$$0.48 \times 0.4 \times 1\,500 \div 38 = 7（层）$$

以一批物品整垛占地面积计算,其计算公式是

不超重可堆层数=整垛物品实占面积×每平方米库房荷重技术定额× $\dfrac{每件物品毛重}{每层件数}$ ×每件毛重

第二类,货垛不超高可堆层数计算。

货垛不超高可堆层数,是指货垛留出顶距以后的可堆层数,其计算公式是

不超高可堆层数=(库房实际高度-顶距)÷每件物品高度

例如:多层建筑库房的中层仓间,高度为4.3米,储存物品每件高度0.38米,其不超高可堆层数是

$$(4.3-0.3) \div 0.38 = 10（层）$$

(2)脚数的计算

计算脚数的公式是

脚数=货垛物品总件数÷物品可堆层数

脚形的排列,是根据物品的实占面积与货位的深度和宽度综合考虑排列的。脚形排列关系到货垛的稳固、点数和发货的方便,应该十分重视。

（3）货垛垛形的安排

① 行列式：将单品种或多品种物品用背靠背的方法排成双行以上的行列。这种堆垛形式便于收发、溯垛和检查，适用于小批量物品，但有时堆垛不够牢固，也不节省库房面积（图5-7）。

② 重叠（墩台）式：按照垛底摆脚数，重叠堆高。货垛每层排列一致，不交错，不压缝，数量相同。如包装不够平整，堆垛高低不一且不稳，可在上下层间加垫，如夹放木板条等，使层层持平有牵制，防止倒垛。此法适用于体积较大、包装一致的物品，其优缺点与行列式相反（图5-8）。

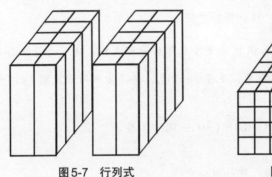

图5-7　行列式　　　　　　　　图5-8　重叠（墩台）式

③ 交错（压缝）式：按照垛底摆脚数形状，利用包装两边不等（长形）特点，纵横排列，逐层交错压缝堆高（也可二、三层交错压缝一次）。此法堆垛，具有相互咬紧、保持货垛稳固的优点（图5-9）。

④ 屋脊式：将货垛上部两旁的物品由下而上逐层缩小形成屋脊式。这种方式堆垛牢固，适用于露天堆放，上面加盖雨布可以防风吹、日晒和雨淋（图5-10）。

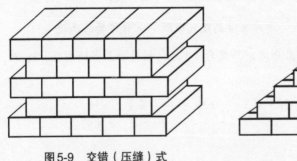

图5-9　交错（压缝）式　　　　　　图5-10　屋脊式

⑤ "五五化"的堆垛："五五化"是以五为基本计量单位，码成各种总数为五的倍数的货垛。不同的物品和包装，有不同的"五五化"方法，如外形较大的物品可五五成方，较高的物品可以五五成行，较小的物品可以五五成包，带眼的物品可五五成串，定型定尺的物品可五五抽头堆垛等。由于"五五化"堆垛并不解决垛形问题，

因此，同样必须符合上述堆垛方法的要求。五五堆垛方法能把大小不一、形状各异、无规则的物品摆成较有规则的各种定量包装和货垛，这样就能做到过目成数，美观整齐，提高出库速度，便于盘点和保管。

（六）货架储存的设计

物品在库内除了堆垛之外，也采用货架放置。

1. 常用的货架种类

库（区）常用的货架主要有以下几种。
① 层架，分为开式和闭式、单面和双面结构。
② 层架格。
③ 抽屉式和橱式货架。
④ 调节式货架。
⑤ 装配式货架、活动货架（移动式货架）等。

2. 货架的排列要求

① 在库区内，货架应背靠背地成双行排列，并与主通道垂直，单行货架可以靠防火墙放置。
② 要考虑物品的发放情况，如周转快的物品架应放在发运区附近，周转慢的物品架应放在库内较远的地区。

3. 货架标志

货架标志应放在各行货架面向通道的两端，以便标明各行货架编号及存放物品的种类，层格架（抽屉架）的每格（每一抽屉）都应有固定标签的位置。

4. 货架内物品的存放

货架内物品应按从后向前的顺序以及按编号的位置存放，并留一定数量的空位，以便在储存新品种时使用。

架存物品的数量取决于物品的品种、规格尺寸以及发放的要求，没有必要拆开过多的原箱物品置于架上。为了便于补充，零散物品的识别标志都应放在货架格的开口处，以便识别。某些不易辨认的物品，在格内可保留一个标志齐全的样品，以助于识别。货架格容积的利用率达到75%，即认为符合要求，如果低于这个标准，应调整货架格的尺寸。

（七）绘制货位图

为便于管理及提高工作效率，根据仓库内储存区域与货架分布情况可绘制物品货位图。常见的表示方法有两种,分别如图5-11和图5-12所示。

```
A库:货架1~5      玩具类
     货架6~10     办公用品
     货架11~14    体育健身用品类
B库:洗涤用品
C库:货架1~3      女性服装类
     货架4~6      儿童用品类
D库:家用电器类
```

图5-11 物品货位图示例一

品名	编号	库区号	货架号	货架层、列号
玩具熊	0015	A	1	3-1
城堡积木	0021	A	2	1-1

图5-12 物品货位图示例二

第六章 仓库设备配备

导读

仓库设备设施的配备是仓库规划的重要内容之一。仓库的功能不同,其设备配置也不一样,在此主要介绍的是适用于工厂仓库的各种设备的配备。关于立体仓库的设备配备请见第一篇第二章的内容。

学习目标

1. 了解仓库需要配备哪些设备。
2. 掌握仓库中所需配备的设备——消防设备、装卸搬运设备、检验设备、存储设备、养护设备及通风、照明、保暖设备的类别和一些基本要求。

学习指引

序号	学习内容	时间安排	期望目标	未达目标的改善
1	消防设备			
2	装卸搬运设备			
3	检验设备			
4	存储设备			
5	通风、照明、保暖设备			
6	养护设备			

一、消防设备

之所以把消防设备放在第一位,是因为作为仓库的管理者和经营者,消防安全是仓储工作的重中之重。为了保障仓库的消防安全,必须根据存储商品的种类及性质配备相应的消防器材和设备。常见的消防设备有消防栓、消防管道、烟雾报警器、灭火器、防烟面具、防护服等。

二、装卸搬运设备

装卸搬运设备主要是用在仓库作业的过程(出入库、移库、装卸货、调库)中为了实际管理需要实现商品的物理移动的工具。

(一)搬运设备的类别

① 搬运车辆:用来运输被搬运物料的器械,包括人力搬运车,如手推车、手动叉车、拉车、货架车等;机动搬运车,如自动搬运车、电瓶车、托盘搬运车、牵引车等;叉车,如重力平衡式叉车、侧叉式叉车、插腿式叉车、旋转式叉车、抱式叉车等。

② 输送机:用来传输物料的器械,包括辊子输送机、辊轮输送机、带式输送机、悬挂链式输送机、平板式输送机、卷扬机等。

③ 起重机:用来使物料垂直移动的器械,包括手动及电动葫芦、巷道及桥式堆垛机、门式起重机、天车等。

④ 升降装置:用来使物料升高或降低的器械,包括电梯、升降机、升降台、缆车。

⑤ 辅助搬运器具,被用来装载物料的器具,包括:各种托盘,如平托盘、柱式托盘、网式托盘、箱式托盘等;各种器皿,如物料盒、液体罐、桶类等;各种箱类,如纸箱、塑料箱等。

(二)搬运器械的选择

搬运器械的种类越多,选择的余地也就越大。选择正确时则可以带来便利,但如果选择错了,反而会更糟糕。所以,选择搬运器械时要考虑其特性。以下介绍的一些特性可供选择参考。

① 可靠性:即器械的可用程度、可信与维修性。

② 安全性:对安全作业的保证性能,如人员的安全性与存在的威胁;设备的正常运转;物料的被损害性;环境污染等。

③ 适合性：器械功能、强度、耐力和寿命，如器械机动灵活；一机多能；抗环境应变能力。

④ 经济性：反映搬运成本的一些因素。

⑤ 有效性：反映使用效果的一些因素。

⑥ 可行性：资金与市场供应的现实性等因素。

搬运器械的选择依据如图6-1所示。

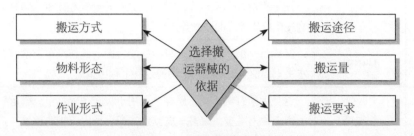

图6-1　搬运器械的选择依据

（三）搬运器械的配套管理

搬运器械的组合与配套管理是决定其整体能力发挥的关键因素，合适的配套可以取长补短、相互促进，发挥最佳效能。

搬运器械配套的主要内容如图6-2所示。

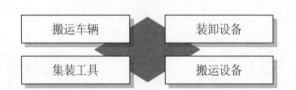

图6-2　搬运器械配套的主要内容

三、检验设备

检验设备主要应用于仓库在入库验收环节、在库质量检查环节和出库交接环节中使用的度量衡称重设备和量具及商品检验的各种仪器等。常见的有磅秤、标尺、卡钳、自动称重设备等。仓库的计量设备可分为称量设备和量具两类。

（一）称量设备

仓库常用称量设备有如表6-1所示的几种。

表6-1　称量设备的分类

序号	分类	说明
1	天平和案秤	天平用于称量体积小、计量精度高的小件贵重物品，如贵重金属、高纯度化工原料等。天平一般用"克"或"毫克"作计量单位。案秤也适用于小件物品的称量，一般用在20千克以下物品的称量
2	台秤	用于称量20千克以上的物品。它有移动式和固定式两种。这是仓库中应用最广的一种计量设备
3	地中衡	又称汽车衡。实际上是将磅秤的台面安装在汽车道路面的同一水平上，使进出运料的车辆通过其上称出重量
4	轨道衡	这是大型有轨式地下磅秤，适用于火车车辆称重。载重车在轨道衡上称出毛重，减去车皮自重，即可得出货物的重量。其称量范围一般大于60吨
5	自动称量装置	自动称量装置按其作业原理不同，有液压秤和电子秤两类。其特点是在装卸物品过程中就能计量货物的重量，如称量装置与吊钩连为一体。这种装置可缩短物品出入库检验时间，降低作业量。但这种装置误差比较大，且容易损坏，造成误差

（二）量具

仓库使用的量具一般有普通量具和精密量具，如图6-3所示。

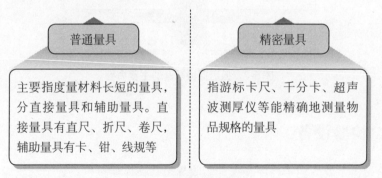

图6-3　仓库使用的量具

四、存储设备

仓库的储存设备是指用来存放各种物品的容器和设备，它包括各种货架、托盘装置、料仓、料槽、储罐等。根据物品的物理化学性质和形态的不同,储存设备一般分为三类,如表6-2所示。

表6-2 储存设备的分类

序号	类别	说明
1	保管一般物品的存储设备	适用于存放各种金属材料、机械零件、配件、工具等的各种料架。料架按用途可分为通用料架和专用料架。通用料架分为层式、格式、抽屉以及橱柜式等,适用于保管体积小、重量轻、品种规格复杂的金属制品、轴承;工具、机电产品等。专用料架则是根据物品的特殊形状而设计的,用以保管一定类别的物品,如存放小型条钢和钢管的悬臂式料架
2	保管块粒状和散装物品的储存设备	适于存放散装原料、散装螺栓、铆钉等的各种料仓、料斗等
3	保管可燃、易燃液体材料及腐蚀性液体的储存设备	适于存放汽油、柴油、润滑油,各种酸、碱、液体化工产品等的各种形式的瓶、桶、储罐

五、通风、照明、保暖设备

通风、照明、保暖设备主要作用于存储商品和仓库作业需要对物理环境要求的保障,常见的有除湿机、抽风机、联动开窗机、防爆灯、防护隔热帘等。

六、养护设备

一般应用于对仓库产品质量的维护和监控以及设备的维护,常见的有:温湿度控制器、自动喷淋装置、除锈机、烘干机等。

第七章 仓储管理的规划

导 读

为了加强企业的仓库管理,提高仓库工作效率,加速存货资金周转,降低库存资金占用,满足生产、销售等部门的需求,必须对仓库的管理工作进行规划,建立仓库管理组织,明确仓管人员的职责,建立仓库管理系统和制度,并建立以计算机为基础的操作作业标准。

学习目标

1. 了解仓储管理需求的内容,掌握仓储管理组织形式、选定仓库管理人员的要求,以便建立合理的仓库组织并配置仓储人员。

2. 了解什么是仓库管理系统、建立仓库管理系统的必要性,掌握仓库管理系统建立与运作的措施。

3. 了解制定制度的原则,掌握企业应建立哪些仓库管理制度。

4. 了解贯穿于整个物流的仓储过程,掌握仓库管理各环节不同阶段的作业流程,从而建立以计算机为基础的操作作业标准。

学习指引

序号	学习内容	时间安排	期望目标	未达目标的改善
1	优化仓储管理组织			
2	建立仓库管理系统			
3	仓库管理制度			
4	建立以计算机为基础的操作作业标准			

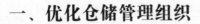

一、优化仓储管理组织

仓储管理组织是根据仓库管理的需求而建立的,不同企业的仓储管理形式有所不同,但仓储管理的内容大致相同。

(一)仓储管理需求的内容

常见的仓储管理工作大致如下。

① 物料需求的计划制订工作。

② 物料发料工作。

③ 物料盘点工作。

④ 物料收料工作。

⑤ 仓库管理工作。

⑥ 物料稽核工作。

⑦ 物料点数工作。

⑧ 物料开单工作。

⑨ 仓储人员管理工作。

(二)仓储管理组织形式

仓储的组织形式不是凭空而来的,不仅要依据以上的工作内容,还要考虑到其他因素。具体因素如下。

① 企业规模,规模越小,组织越简单。

② 企业性质,例如电子厂、服装厂的管理组织要复杂些。

③ 生产方式,例如外资企业的组织中需要有外国人参与。

④ 生产工序,工序越复杂,组织形式越复杂。

⑤ 管理水准,管理水平越高的企业,组织形式越优化。

⑥ 硬件水平,机械化水平越高的企业,组织形式越简单。

由于仓储管理的组织形式存在着灵活多变性,因而仓储管理的组织形式没有一个固定模式。

1. 按层级划分

按层级划分可分为直线式组织形式、直线职能式组织形式。

(1)直线式组织形式

如果仓库比较小,人员不多,业务简单,就宜选用直线式组织形式(图7-1)。这种形式的结构,一般指挥和管理职能基本上都是由仓库主管亲自执行,指挥管理统

一、责任权限较明确,组织精简,不设行政职能部门、班、组。

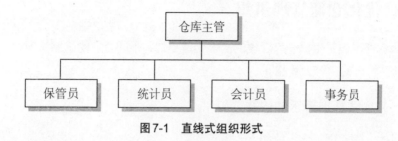

图7-1 直线式组织形式

(2)直线职能式组织形式

这是按照一定的专业分工、职能来划分部门、建立行政领导系统的组织形式(图7-2)。

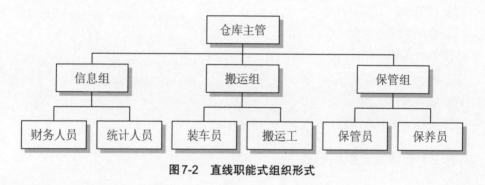

图7-2 直线职能式组织形式

这种形式虽然是按照仓库统计的计划内和部署进行工作,但还会发生种种矛盾,因此要有制度规定相互间的协作与配合。

2. 按作业性质划分

按作业性质划分,是指在仓库管理组织中,根据管理的职能分计划、收货、发货、保管、搬运等(图7-3)。

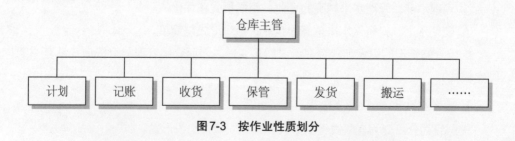

图7-3 按作业性质划分

3. 按仓库类型划分

企业有可能按货物的类别来进行分类,如工具仓、成品仓、半成品、材料仓,材料仓又可能分为电子材料仓、五金仓、塑胶原料仓、塑胶品仓、包装材料仓等。其组织形式也就按仓库类型来架构（图7-4）。

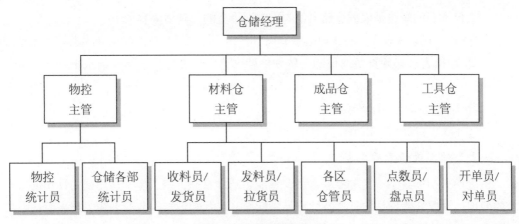

图7-4　按仓库类型分类

（三）选定仓库负责人

有一种错误的观念，以为仓储管理工作并不具有什么技术性，因而不太重视。事实上，在企业的生产体系、销售体系的循环流程中，仓库负责人员扮演着极其重要的角色。仓储调配方面是否处理得井井有条，与企业是否能够健康成长是息息相关的。所以企业应选择一位有能力的仓库负责人。

仓库负责人（管理者）应该具备下列条件。

① 应具有商品知识：对于所处企业经营的商品或产品要有丰富的知识，而且透彻了解。

② 了解物品的特性：物料、产品和商品都不会说话，但是它们却都拥有其品目的特质。换言之，就是"易于保管的物品""难以保管的物品""易于陈旧过时的物品""易于劣质化的物品"……对于各种物品的特性都需有充分的知识。

③ 具备品质管理的基本知识。

④ 计算能力强。

⑤ 办事能力强：由于时时面临频繁的出库传票的处理、账簿记录户头的整理与规划，以及实地盘存作业的安排等，业务繁重，所以必须具备能够迅速而正确处理事务的才能，方可愉快胜任、游刃有余。

⑥ 能够确切了解各种财务报表：若欲执行库存品的盘存并合理处置，则需能看懂财务报表，深切了解报表的意义与目的，且能对报表提供的信息加以计算整理。

倘若能满足上述六项最起码条件，才可说是一位有资格担任仓库负责职务的人。

（四）配置仓储人员

1. 配置的要求

仓储人员的配置是根据仓储岗位的需求而设立的，具体内容如下。

① 有岗就必须有人，有人就必须有岗。

② 在岗人员必须具备岗位的一些硬件要求，比如文化水平、外语水平、计算机水平。

③ 岗位的绩效目标必须清晰。

④ 岗位的职责必须清晰。

2. 仓储人员的素质要求

仓储人员须具备一定的专业素质，熟能生巧地掌握计量、衡量、测试用具和仪器的使用；掌握分管物品的货物特性、品质标准、保管知识、作业要求和工艺流程；掌握仓库管理的新技术、新工艺，适应仓储自动化、现代化、信息化的发展，不断提高仓储的管理水平；了解仓库设备和设施的性能和要求，督促设备维护和维修。

二、建立仓库管理系统

（一）什么是仓库管理系统

仓库管理系统是为企业的采购、制造计划、制造执行、客户服务系统与仓库或配送中心提供的管理手段，满足企业对低成本和快速处理的要求，帮助企业解决复杂的配送问题，并且降低订单履行成本。

（二）建立仓库管理系统的必要性

现阶段，在仓库系统的内部，企业一般依赖于一个非自动化的、以纸张文件为基础的系统来记录、追踪进出库的货物，以人为记忆实施仓库内部的管理。对于整个仓储区而言，人为因素的不确定性，会导致劳动效率低下，人力资源严重浪费。

而且，仓库作业和库存控制作业已多样化、复杂化，靠人工去处理已十分困难。如果不能保证正确的进货、验收及发货，就会导致产生过量的库存，延迟交货时间，增加经营成本，以致失去客户。同时，随着货物数量的增加以及出入库频率的增多，这种模式会严重影响正常的运行工作效率。因此，设计、开发现代仓库管理系统必须加快进行，因为它是企业提高核心竞争力的保证。

（三）仓库管理系统建立要点

仓库其实是一家公司内部各个部门的延伸。如果部门采购超量产品，这个问题当然轮到仓库储存保管来承担后果。如果公司承诺第二天把产品交付订货的某客户，具体经办这件交易的部门当然也是仓库。如果财务部门从卖方收到的发票与实际到货数量、质量或者品名不相吻合，需要核对、补充和调整等，这时候又要轮到仓库去办理。因此，仓库是公司不可分割的一个重要部门，仓库管理系统实际上就是公司管理系统的延伸，但是仓库又是相对独立于公司其他部门的，尤其要有相对独立的管理系统。因此，要想确保仓库管理系统的成功运行，如图7-5所示的七点是关键。

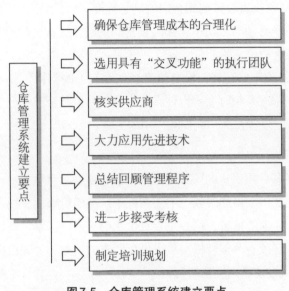

图7-5　仓库管理系统建立要点

1. 确保仓库管理成本的合理化

① 仓库空间的优化使用。要从尺寸大小、物体重量和特别操作要求等方面入手，由仓管员从各种计算数据中找到最实用和恰当的解决方案，为物品在仓库中寻找最佳储存空间。

② 把低效率操作减少到最低点，尽量避免重复劳动。

③ 反复清点库存。这项工作必须按照日常工作时间表进行，入库的原材料、成品必须经检验合格后方可办理入库手续。保管人员应查验检验人员出具的检验结论、合格证等。对保管物品登记入册，利用已有标志或新加标志和使用卡片标签等，标明物品规格型号、名称与数量，做到账、卡、物一致。只有反复清点仓库中产品的种类和数量，才能确保仓库管理系统的正常运行，提高任何时候的存货的精确度。

④ 强化管理。这几乎是每日忙于配送的仓管员的职责和不可推卸的义务。

⑤ 无论是手工操作还是计算机辅助管理都必须照章办事，提高货物储存整体的严密性、可靠性和安全性。

2.选用具有"交叉功能"的执行团队

公司内部各个部门不一定直接与仓库管理系统发生联系,但是在工作中常常会联系到仓库业务。因此,下述工作也是仓库管理系统中的重要内容。

① 采购部往往需要在下订单的时候认真做好信息汇集、数量清点、质量检验、数据核对、收货到位和反复盘点,保证仓库管理系统功能的正常发挥,达到有效的库存管理和控制,减少额外的采购,同时保证库存量满足客户订货或生产计划的需要。

② 销售的好坏不仅直接影响到客户的满意程度,而且会影响到公司的业务发展,因此,仓库管理系统必须与公司销售部门紧密联系,并且从一开始就要全程做好信息共享,尤其要注意客户信息的汇总。

③ 信息系统必须正常运转,没有信息系统强有力的支持,各个部门,乃至每一个管理员之间的内部联系顿时变得迟钝,仓库管理系统甚至整个公司管理系统将会陷入瘫痪,信息系统是发挥交叉功能梯队作用的关键。

3.核实供应商

进货渠道,尤其负责供货的厂家是造成产品质量差、数量不足或者加工问题成堆的根源,因此在核实供应商的时候,不要纠缠于产品的价格而忽视产品的质量等关键问题,特别要注意厂家的信誉,信誉是货真价实的决定性因素,良好的信誉就是产品质量的保证。仓库必须有一整套核实负责供货厂家的规划和管理措施,甚至可以采取"货比三家"的传统方法辨别厂家的真伪。

4.大力应用先进技术

仓库管理中应用最普遍是条形码等自动识别技术,无论物流流向哪里,条形码都可以自动地记录下货物的流动状况。

条形码解决方案可实现对仓库中的每一种货物、每一个库位做出书面报告,可定期对库区进行周期性盘存,并在最大限度地减少手工录入的基础上,确保将差错率降至零,且高速采集大量数据。仓管人员用手持式条形码终端对货位进行扫描,扫入货位号后,对其上的货物相应的物品编号进行扫描,从而实现仓库中货物的清点。然后,将条形码终端采集到的数据通过通信接口传给计算机。系统中如果配置条形码打印机,可打印各种标签,如货位、货架用的标签;物品标示用的标签,并标明批号、数量。

5.总结回顾管理程序

仓库系统本身是一个工程项目,需要自己的一整套运营程序,其中包括挑选、收货、反复核对数量、包装、进货订购、采购、加工返回等,这一切都受到仓库管理程序或者仓库管理系统工程项目的制约。其具体部署包括以下内容。

① 制定程序总规划，凡是必不可少的程序都必须详细周到。

② 分析各项程序，通过核查对照，确保程序完全吻合仓库管理新系统的每一个环节，然后把各项程序写成文件，以便在日常工作中遵照执行。

③ 对过去的管理程序进行改进，或者全面贯彻执行新的管理程序。

6.进一步接受考核

仓库管理系统程序中的每一步都必须接受考核，测出其精确程度和运行规范，预先找出程序或者规划中存在的隐患根源，把所有的考核详情记录在案，这样做的主要目的就是确保客户服务不受损害，同时为仓库的日常工作和仓库管理人员的培训计划提供必要的资料。

7.制定培训规划

培训的目的就是为了使仓库管理系统的正常运转，为此，仓库管理系统的管理人员必须对其员工进行培训，培训对象不仅仅是新进员工，也包括仓库老员工，只有获得良好培训的员工才能正确实施和操作管理系统，发挥其优越性来。

三、仓库管理制度

仓库管理制度是指对仓库各方面的流程操作、作业要求、注意细节、7S管理、奖惩规定、其他管理要求等进行明确的规定，给出工作的方向和目标，工作的方法和措施；且在广泛的范畴内是由一系列其他流程文件和管理规定形成的，例如"仓库安全作业指导书""仓库日常作业管理流程""仓库单据及账务处理流程""仓库盘点管理流程"等。

（一）建立制度的原则

建立相关制度前要依据以下原则。

1.职责和权力的对称性原则

仓储管理中最基本的原则就是需要职责和权力的对称性，一旦被授予一定的权力，就要承担与之相适应的责任。规定不同岗位上、不同职务的人所要承担的责任和权力，以达到领导和控制的目的。

2.加强统一指挥、服从命令原则

权力系统是依靠上下级之间的联系所形成的指挥链而构成的。指挥链就是指挥信息的传输系统。如果破坏了指挥链，就不可能统一整个组织人员的思想和行为，朝着共同的管理目标而努力。它是建立在明确的权力系统之上的一个基本原则。

3.合理分工与密切协作原则

合理分工与密切协作原则体现个人与团队精神。物流仓储管理组织是在任务分解的基础上建立起来的，合理的物流仓储管理分工便于积累经验和实施专业化的物流业务，也有利于做到权责分明，调动管理组织成员的工作积极性和创造性，从而提高物流仓储管理效率。

（二）应建立的制度

根据以上原则结合企业的实际情况，通常需要建立下列相关的仓储制度。
① 仓库日常管理制度。
② 信息流管理制度。
③ 仓库安全卫生（5S）制度。
④ 物品储存保管制度。
⑤ 仓库盘点制度。
⑥ 物料编号制度。
⑦ 仓库人员绩效考核制度等。

以下提供一个仓库管理制度范本供参考。

仓库管理制度

1.目的

本制度对于仓库的收、发、存、管作了规定，以确保不合格的原材料和成品不入库、不发出，储存时不变质、不损坏、不丢失。

2.适用范围

适用于原料库和成品库及待处理品库的管理。

3.职责

（1）原料仓管员负责原材料、外协品、半成品的收、发、管工作。

（2）成品仓管员负责成品的收、发、管工作以及被退回的货物的前期验收。

（3）待处理品仓管员负责待处理品的收、发、管工作。

4.入库管理

4.1 原材料、外协品、半成品的入库

4.1.1 原材料、外协品到公司后，由仓管员指定放置于仓库待验区内，大宗的货物可以直接放在仓库合格区内（在栈板上码垛存放），但应做出"待验"标识。然后，仓管员按《过程和产品的监视和测量程序》的规定进行到货验证和报验。

验证的内容包括：品名、型号规格、生产厂家、生产日期或批号、保质期、数量、包装状况和合格证明等。经验证合格的，仓管员提交《采购收料通知》报质管部检验；经验证不合格的，通知采购部进行交涉或办理退货。

4.1.2 库管员接到质管部检验结论为"合格"的检验报告后，应及时办理入库手续，并将待验区内的货物转移到库内合格区存放，已放在仓库合格区的待验品，应将"待验"标识取下；接到检验结论为"不合格"的检验报告时，应按规定做出不合格标识，等待不合格品审理。接到《不合格品评审表》后按处置结论执行。

4.1.3 采购部打印"采购收料通知单"交生产部库管员作为收货入库凭证。

4.1.4 半成品经检验合格后，检验结论为"合格"的产品，生产部打印入库单到半成品库办理半成品入库手续。仓管员应核对半成品的品名、型号、数量、批号、生产日期，确认无误后方可入库。

4.2 成品入库

4.2.1 检验结论为"合格"的产品，生产部打印《入库单》到成品库办理成品入库手续，在办理入库时，仓管员应检查、核对产品的品名、型号、数量等标识是否正确、规范以及外包装是否干净等，符合要求的方可入库。

4.2.2 成品入库后应放置于仓库合格区内。

4.3 待处理品入库

4.3.1 成品库仓管员负责退货和超过保质期滞销产品入库工作；生产部负责半成品和准成品待处理入库前期工作；库管员应检查核对产品的品名、型号、数量、批号等是否属实，对入库单进行审核。

4.3.2 产品入库后，仓管员应及时审核，在账上记录产品的名称、型号、规格、批号、生产日期、数量、保质期和入库日期以及注意事项，并对《产品标识和可追溯性控制程序》的规定做出标示。

4.3.3 未经检验和试验或经检验和试验认为不合格的产品不得入库。

4.3.4 仓管员应妥善保存入库产品的有关质量记录（验证记录、原始质量证明、检验报告单等），每月将这些质量记录按时间顺序和产品的类别整理装订成册、编号存档并妥善保管。

5. 储存管理

（1）储存产品的场地或库房应地面平整，便于通风换气，有防鼠、防虫设施，以防止库存产品损坏或变质。

（2）合理有效地利用库房空间，划分码放区域。库存产品应分类、分区存放，每批产品在明显的位置做出产品标识，防止错用、错发。具体要求如下。

a. 库存产品标识包括产品名称或代号、型号、规格、批号、入库日期、保质期，由仓管员用挂标牌的方法做出。若产品外包装已有上述标识的，仅挂产品型号的标识牌即可。

b. 库存产品存放应做到"三齐""五距"：堆放齐、码垛齐、排列齐；离灯、离柱、离墙大于50厘米，并与屋顶保持一定距离；垛与垛之间应有适当间隔。

c. 成品按型号、批号码放，高度不得超过6层。

d. 原材料存放按属性分类（防止串味），整齐码放，纸箱包装码放高度不得超过规定层数；袋包装和桶包装码放高度不宜过高，以防损坏产品。

e. 放置于货架上的产品，要按上轻下重的原则放置，以保持货架稳固。

f. 有冷藏、冷冻储藏要求的原料、半成品均按要求储藏于冰箱、冰柜、冷库或有空调的库房。

6. 发放管理规定

（1）生产部生产人员凭《配料单》和《领料单》到原料库领取原材料或半成品。

（2）原料库库员每天按《配料单》中每罐原料的实际数量备料、发放。

（3）在备料时，如果发现计划数量和实际发放数量不符时，库管员应在《配料单》备注栏中填写每罐实际发放的数量。

（4）实行批次管理的原料，仓管员每天备料、发料时在《配料单》上填写该原料的批号，以达到可追溯的目的。

（5）技术部开发人员凭经部门经理审批的《出库单》到原料库领取原材料或半成品。

（6）提取成品时必须有营业部打印的《出库单》和《调拨单》。

（7）原料库和成品库的仓管员凭经审批的《领料单》或《出库单》《发货单》发放原材料、半成品或成品，发放时应做到以下几点。

① 认真核对《领料单》或《出库单》《发货单》的各项内容，凡填写不齐全、字迹不清晰、审批手续不完备的不得发放。

② 发放时，应认真核对实物的品名、型号和数量，符合领料或出库凭证要求的才能发放。

③ 发放完毕，仓管员应对《领料单》或《出库单》《发货单》进行审核，《配料单》交会计部，单据应妥善保管。

④ 发放时，若产品标识破损、字迹不清，应重新做出标识后发放。

⑤ 同一规格的原料、半成品、成品应按"先进后出"的原则进行发放。

7. 仓库内部管理

（1）抽查。

① 成品库的主管部门应对仓库进行不定期的抽查，检查账、物、卡相符状况，存放情况、标识情况。

② 原料库主管应抽查物料的仓储情况、环境条件、有无错放、混料及超期储存、变质、损坏等现象。发现问题，及时解决。

（2）仓管员应经常对库存产品进行检查和维护，发现变质、发霉或标识脱落等现象应及时向直接上级报告，及时处理。对有保质期的产品要防止失效。发放距保质期不到（含）一个月的原料前应报验，检验合格后才能发放。距保质期不到（含）三个月的成品一般不发放（顾客同意的除外），但应及时报验，根据检验结果进行处理。若超过保质期，应及时报验，并按《不合格品控制程序》的规定处理。

（3）仓库人员应进行经常性动态盘点，做到日清日结，保持账、物相符，年中和年末应配合财务部做好盘点工作。

（4）仓库应达到通风、防潮、清洁、无苍蝇、老鼠等要求。冷藏、冷冻库温度应控制在规定范围。仓库内严禁烟火，不允许存放易燃易爆物品和其他危险品（危险品库除外），并设置足够的消防器材。消防器材不允许占压。

（5）对有毒有害及带有腐蚀性的物品应分别储存，并采取有效的安全防护措施。

（6）退库的成品应按品种、型号分别码放并予以标示，经质管部检验合格的办理入库，并尽快发出；经检验不合格的，按不合格评审处置意见办理，并做出待处理标识。

（7）成品库另划待处理品区，存放退货并予以标示，同时配合有关部门按程序做好退货处理工作。

（8）原料库根据生产计划，做好查料、备料工作，严格按领料制度发放原料。根据生产计划和库存填报采购申请计划，保证生产需要。

（9）对于喷粉产品要严格按照产品的储存条件储存，经常检查并通风，发现问题及时通知直接上级并与技术部联系，做到及时处理。

（10）凡打开包装的原料、半成品和成品，都应重新包装，保证密封，不允许敞开存放。没有标识的应做出标示。

（11）成品库人员负责样品的包装、发放。样品包装上应有标识，标识内容包括：品名、型号和生产日期。样品应在生产后的三个月内发放。若要将超过三个月的产品做样品发放，应报验，经检验合格后才能做样品发放。

（12）安全事项。

① 上班时必须检查仓库门锁有无异常，物品有无丢失。

② 下班时检查是否已锁门、拉闸、断电及是否存在其他安全隐患。

四、建立以计算机为基础的操作作业标准

仓库的整体运作包括入库、出库、盘点、库内管理、在途运输状况追踪等都要制定符合公司每个发展阶段的流程，将来纳入标准操作并按流程坚决地执行和监督，才能做到百分之百地准确把握和了解，让公司随时都可以了解货物的动态库存和运输状况。

（一）用单证贯穿于整个物流的仓储过程

用单证贯穿于整个物流的仓储过程，凭单据出货、入货、调库，当出现问题时也是可查找出原因的凭证。单证主要有出库时的提货单、入库时的入库申请单、调库时的调库单，其中品名、数量、批号、库位都贯穿于单据的始终。也就是出库时在提货单的准确库位上能够找到相对应货的"牌号、数量、批号"；入库时入库申请单也应该有相对应的货物的库位、批号、数量等；调库时调库单也应该有相对应的货物的原库位、现库位、批号、数量等。这就保证了单与实货、库位与单、库位与实货的一致性，就能够精确对货物放在何处起到准确跟踪定位的作用，提高找货效率，进而把精力和注意力转移到控制出货质量、库内管理上。

对沟通流与命令流的集中管理，凡入库申请单、出货通知单都集中到仓管班长进行审单派单，所有的问题都集中到统一观点再与兄弟部门沟通，避免出现多头命令沟通的障碍，把原本简单的问题弄得毫无头绪。

（二）不同阶段的作业流程

1. 物料入库流程

物料入库是从接到供应商的送货单开始的，仓管员接到送货单，要与采购订单进行核对，同时，现场清点、通知来料质量控制（Incoming Quality Control，IQC）人员验货，然后开立入库单据，再根据这些单据进行手工账本的登记，并将数据录入计算机，这些工作结束后要将资料归档，便于将来查询。

物料入库的大致流程如图7-6所示。

2.成品入库（成品进货）作业流程

成品入库时，由生产部确定要入库的货牌号、批号和数量，填写在入库申请单上，再经过质量控制（Quality Control，QC）人员品质检验后，交到仓管班长，仓管班长审单并派单交给仓管，仓管接到由生产部填写的入库申请单到现场入库作业，作业时核对入库单的品名、批号、数量是否一致，不一致时与生产部沟通并做错误记录，一致时移库堆码作业并记下每批货所在的库位、数量、批号，然后交到计算机前台录入计算机数据库或仓储系统，再录入公司的企业资源计划（Enterprise Resource Planning，ERP）。

成品入库（成品进货）作业流程如图7-7所示。

图7-6　入库流程的大致流程　　图7-7　成品入库（成品进货）作业流程

3.成品出库（成品发货）作业流程

成品出库时，由经出货检验（Outgoing Quality Control，OQC）人员确认的发货通知单，经仓管班长审单后，按通知单上的品名、批号、数量在数据库或者仓储系统里查找相对应库位上的库存，并列印出提货单，提货单包括哪个要出的库位上有相对货的品名、批号、数量等，然后与发货通知单订在一起派单交给仓管现场作业。或者在通知单上记下要出货物的库位数量并写在发货通知单上。仓管接到出货指令后到指定库位现场查看该货与单是否一致，若一致则出货，若异常则到计算机前台查原因。最后放行。

成品出库（成品发货）作业流程如图7-8所示。

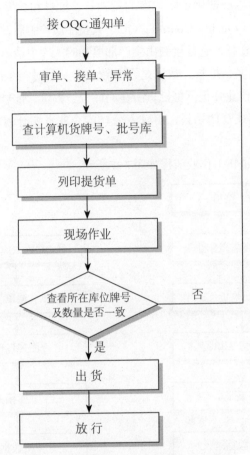

图7-8 成品出库（成品发货）作业流程

4.货物调库（调动储位）作业流程

货物调库时：仓管员接到调库指令时或者要对仓库进行调库管理时，拿一张调库表，调库表上面有品名、批号、数量、原库位、现库位、负责人等项目。到现场进行调库作业时，记下原库位上的品名、批号、数量，并写下调库后的库位，最后交到计算机前台在计算机上进行库位变更。

货物调库（调动储位）作业流程如图7-9所示。

5.盘点作业流程

盘点作业时，负责人要区分是要机动盘点还是全盘点，并按照不同的具体情况列印出按库位还是按品名的盘点表，不管是哪种盘点方式都有其特有的特性。

盘点作业流程下图7-10所示。

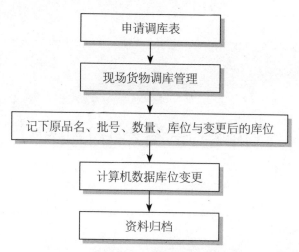

图7-9 货物调库（调动储位）作业流程

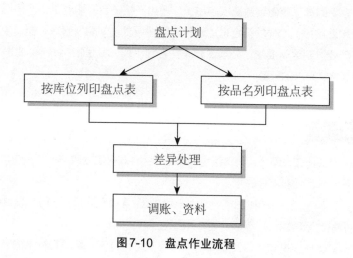

图7-10 盘点作业流程

除了上述仓库作业中内容外，企业还有若干仓储内容必须建立和健全，例如在途运输状况追踪流程、客户退厂维修服务追踪流程、公司工厂配件退供应商维修追踪流程。

第八章 仓库管理资料的预备

导 读

仓库的管理应做到数量不多不少、质量严格符合采购要求,严格把控数量关和质量关,这样才符合仓库的日常管理要求,才能做到账、物、卡的一致。而要达到这一要求,必须做好一些基础工作,就是物料编号、BOM物料清单、物料账卡的预备。

学习目标

1. 了解什么是编号、物料编号的作用、物料编号建立原则,掌握物料编号的结构组成和物料编号的方法。

2. 了解什么是BOM物料清单、BOM物料清单的纽带作用,掌握BOM物料清单的运用途径。

3. 了解什么是物料账及仓库应预备哪些物料台账,掌握物料卡的管理要求及账目管理的要求。

学习指引

序号	学习内容	时间安排	期望目标	未达目标的改善
1	物料编号			
2	BOM物料清单			
3	物料账卡			

一、物料编号

（一）什么是编号

物料编号就是用编号来代表物料，每个物料有一个唯一的编号。在物料繁多的企业内，物料编号非常重要，在ERP系统中，物料编号是系统运作的基础料。一个物料编号会有很多属性。

物料的编号是所有物料在企业的"户口"，它的应用就如同人的身份证号码一样，企业生产的各个环节的业务人员和一线工人每天都在使用它，但是各个环节的人员所关心的属性信息各不相同，因此物料编号不需要包含太多的属性信息，仅仅把各个环节的人员共同关心的主要属性信息有所反映即可，如果试图将许多属性信息一起反映出来，那么势必会造成推广上的失败。

物料的编号涉及全公司，可能会涉及各个部门，在各个部门有着不同的价值判断，且都具有一定的合理性，设计部、生产部、采购部、财务部等对物的理解都是不同的，因而对于物的表达也不同，而编号要考虑到各个相关部门的需求与具体的业务。

（二）物料编号的作用

① 增进物料资料的准确性。物料的领用、发放、请购、跟催、盘点、储存、保管、记账等一切物料管理事务性的工作均通过物料编号查核，物料管理较容易，准确率高，物料名称混乱的情况就不至于发生了。

② 提高物料管理的效率。在物料管理中，用物料编号代替文字的记录，各种物料管理事务简单省事，效率增高。

③ 有利于ERP系统的管理。物料全部编号，配合计算机化系统处理，检索、分析、查询、计算都非常方便，效率变得非常高。

④ 降低物料库存和成本。物料编号有利于物料存量的控制，有利于呆滞废料的防止，并提高物料活动的工作效率，减少资金的积压，降低成本。

⑤ 便于物料的领用。每种物料都有唯一的料号，对物料的领用与发放非常方便，并能减少出错率。

（三）物料编号建立原则

制定物料编号时可遵守如图8-1所示的原则。

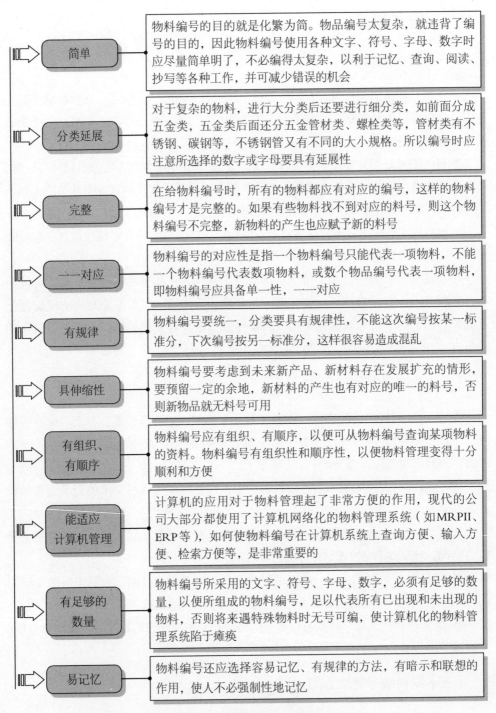

图8-1　物料编号建立原则

(四)物料编号的结构组成

物料编号的结构如图8-2所示,即部组用一位数字表示(1~9);大类用一位数字表示(1~9);中类用一位数字表示(1~9);小类用一位数字表示(1~9);型号用两位数字表示(01~99)。

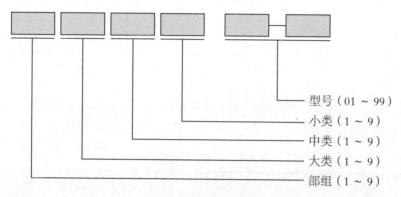

图8-2 物料编号的结构

(五)物料编号的方法

1.暗示法

暗示法是以字母或数字作为编号工具,进行物料编号的方法。字母和数字与物料能产生一定规律的联想,看到编号能联想到相应的物料(表8-1)。

表8-1 暗示法编号示例

编号	螺丝规格/毫米
03008	3×8
04010	4×10
08015	8×15
15045	15×45
12035	12×35
20100	20×100

2.字母法

字母法是以英文字母为编号工具,按各种方式进行编号的一种编号方法(表8-2)。

表8-2 字母法编号示例

采购金额	物料种类	物料颜色	
A：高价材料 B：中价材料 C：低价材料	A：五金 B：塑胶 C：电子 D：包材 E：化工	A：红色 C：黄色 E：青色 G：紫色	B：橙色 D：绿色 F：蓝色

3.数字法

数字法是以阿拉伯数字为编号工具，按属性方式、流水方式或阶层方式等进行编号的一种方法（表8-3）。

表8-3 数字法编号示例

类别	分配号码
塑胶类	01～15
五金类	16～30
电子类	31～45
包材类	46～60
化工类	61～75
其他类	76～90

4.混合法

混合法是字母、数字、暗示三种方法同时使用的一种方法（图8-3）。

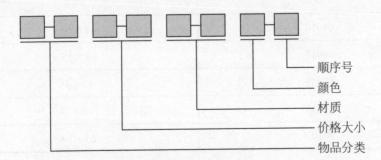

图8-3 混合法编号图示

例如，电风扇塑胶底座（10）、高价（A）、ABS料（A）、黑色（B）、顺序号（003），其编号为"10-AAB-003"。

二、BOM 物料清单

（一）什么是 BOM

BOM 的英文全称为 Bill of Material，中文翻译为物料清单，也叫零件结构表、物料表等。BOM 将产品的原材料、零配件、组合件予以拆解，并将各单项材料按材料编号、名称、规格、基本单位、供应厂商、单机用量、产品损耗率等依制造流程的顺序记录下来，排列为一张清单。

以下列举几份 BOM 清单供参考，见表 8-4～表 8-6。

表 8-4　BOM 清单

品名		规格		单位	经济产量	前置天数	版本	工程图号
产品料号		品名	规格	标准用量	损耗率	制程说明	工程图号	备注
阶层	子件料号							

表 8-5　产品零件一览

产品名称		简图：							
产品型号									
开发日期									
客户									
序号	材料名称	规格	计量单位	标准用量	损耗率	材料来源	单价	备注	

表8-6 产品用料明细

产品名称					产品型号			
产品料号					客户			
层数	料号	名称	规格	单位	标准用量	标准损耗率	来源	图号

（二）BOM的纽带作用

BOM是接收客户订单、选择装配、计算累计提前期、编制生产和采购计划、配套领料、跟踪物流、追溯任务、计算成本、改变成本设计不可缺少的重要文件，这些工作涉及企业的销售、计划、生产、供应、成本、设计、工艺等部门。因此，BOM不仅是一种技术文件，也是一种管理文件，是联系与沟通各部门的纽带。

在任何制造环境中，不同的部门和系统都为不同的目的使用BOM，每个部门和系统都从BOM中获取特定的数据，BOM的主要用户如图8-4所示。

设计部门	设计部门既是BOM的设计者，也是BOM的使用者，就使用而言，当产品结构发生变化，或对某个零件进行重新设计，该部门都要从BOM中获取所有零件的信息及其相互间的结构信息，只有得到这些信息，才能对其进行定义、描述或修改
工艺部门	工艺部门根据BOM信息建立各零件的制造工艺和装配件的装配工艺，并确定加工制造过程中应使用的工装、模具等
生产部门	生产部门使用BOM来决定零件或最终产品的制造方法，决定领取的物料清单
产品成本核算部门	该部门利用BOM中每个自制件或外购件的当前成本来确定最终产品的成本
物料需求计划（MRP）系统	BOM是ERP的主要输入信息之一，它利用BOM决定主生产计划项目时，需要哪些自制件和外购件，需要多少，何时需要

图8-4 BOM的主要用户

(三) BOM表的运用

1.做扼要型零件表

筹备物料是生产的基本准备活动，针对物料筹备的零件表称为"扼要型零件表"。应先有扼要型零件表，再有物料的采购（下订购单）。谈到产品生产，不能不提"零件表"。通常对生产或产品做检讨，都可能是从零件表开始的。可实际上，有相当多的企业，并没有零件表。但可能有类似的东西，如"材料表"或"购买明细表"等，在采购材料及零件时使用的资料。

"材料表"通常把产品所需的材料都集中体现，是为了便于安排采购所形成的一种零件表，称为"扼要型零件表"。编制"扼要型零件表"，先要弄清具体的产品，再按每一种产品，查出应购入的零件及材料。接着针对要使用多少材料，设定使用量的单位。扼要型零件表的作用如图8-5所示。

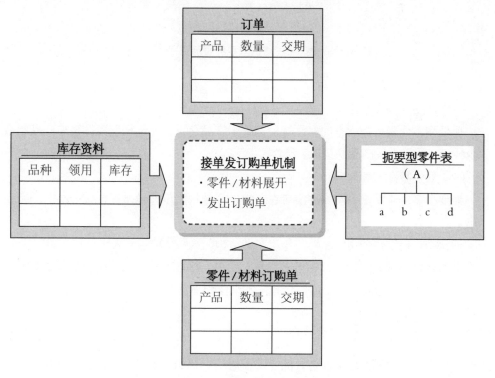

图8-5 扼要型零件表的作用

2.做结构型零件表

物料筹备上轨道后，接下来就是制造。这时必须制作与产品制造步骤相吻合的零件表，也就是结构型零件表（图8-6）。

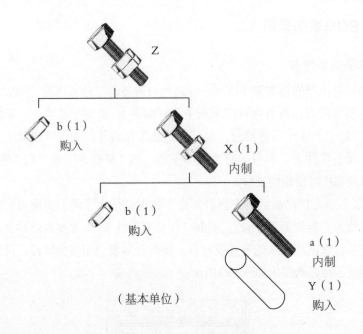

图8-6 结构型零件表示例

结构型零件表与扼要型零件表最显著的差别有两点。

(1) 产品的构成方法

扼要型零件表是把所有的零件材料都置于产品之下,而结构型零件表与产品制造的步骤相一致,是按产品的结构去制作。

(2) 共同零件的处理

扼要型零件表是把共同零件集合在一起,而结构型零件表是在构成产品的场所表示出来。

通常结构型零件表用"品目"和"产品结构"这两个项目来表示。

品目按物品别设定资讯,相当于品号、品名、筹备区分。产品结构,是由母物品和子物品的关系而定的,这个项目含有基本单位和不良率。

3. 活用结构型零件表

结构型零件表并不是制造部门专用的零件表。设计部门、成本核算部门、生产技术部门、采购部门等都能够在各自的业务上活用它。如:设计部门要确定零件表中的零件材质、形状、长度、直径等,可以将零件分门别类,形成标准化,对新产品的开发就有很大的好处。对于设计变更引起的零件变更会影响哪一部件、哪一产品,有了零件表便非常清楚。因此,因变更导致零件呆滞库存的机会会大幅降低或减少。

成本核算部门通常依据产品别计算成本,这是令人头痛的工作。当原料及产品价格变动,要明确了解每个产品的成本是多少,非常不容易。如果某材料或零件是各种产品共同使用的话那则更麻烦。但有了零件表,掌握产品别成本计算及成本变动带来的影响则非常方便。

至于生产部门、采购部门则是BOM表的直接受益者。可使用MRP的BOM表进行生产和采购的计划、安排,也能进行随之而来的物料管理及在制品管理。

4.有弹性地应对设计变更

并不是做好BOM后就一成不变。通常只要产品还存在市场,总会发生一些变更,因此,必须很有弹性地应对。

产品本身如同成长中的小孩,会因为运动、营养、知识等而变得一天比一天强壮。这种变化就会产生"设计变更",这种情形很普遍。

(1)设计变更的原因

产品改良:以成本导向对产品做功能的重新检讨或材料的变更,以降低成本。

技术改善:由于生产技术的改善,设备的改良,使过去设定的很多零件、材料很可能已不适用了。

安全对应:产品存在某些缺陷,为确保安全做的某些变更。通常此时必须立刻实施。

(2)设计变更的实施

对库存而言,设计变更是件棘手的事。突然旧零件、材料不能使用了,这么多的在库品怎么办?为此,有必要探讨一下设计变更的实施日期。

决定设计变更实施日期有以下三种方法。

方法一:指定生产通知单号码。即按产品的生产通知单号码生产的企业,在有设计变更时,以生产通知单号码来决定变更实施日。指定生产通知单号码的设计变更示意如图8-7所示。

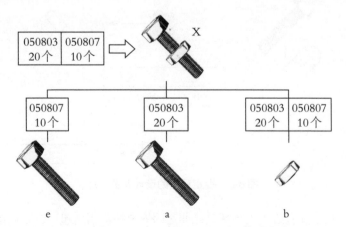

图8-7 指定生产通知单号码的设计变更示意

生产通知单号050803的20个产品使用零件a,生产通知单号码050807的10个产品则使用设计变更后的零件e

方法二：指定日期。这是以日期作为设计变更的实施时期。确定了实施日，就以那一天作为变更日。指定日期的设计变更示意如图8-8所示。

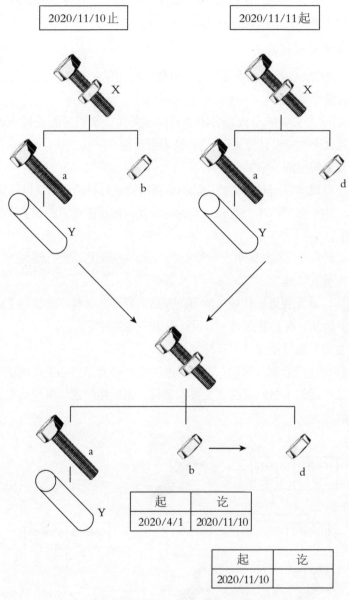

图8-8　指定日期的设计变更示意

方法三：指定库存数。设计变更除非是因安全缺陷而引起，否则通常在库存品用完时再实施，因此，要做新零件、新材料的需求量计划，当旧品的库存数达到某一程度时，就做新品的安排计划。指定库存数的设计变更示意如图8-9所示。

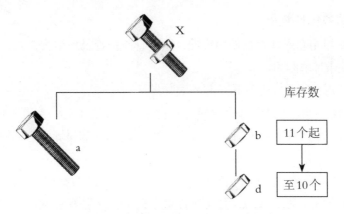

图8-9　指定库存数的设计变更示意

三、物料账卡

（一）什么是物料账卡

仓库物料建账应做到账物一致、卡证对应。仓库管理中通常称的"账、物、卡、证"所指如下。

① 账：仓库物料档案。

② 物：仓库储存物料。

③ 卡：明确标示物料所在位置而便于存取的牌卡。

④ 证：出入库的原始凭据、品质合格记录等。

（二）物料卡管理要求

1.物料卡的内容构成

物料卡上应记明：物料编号、物料名称、物料的储存位置、物料的等级或分类（如主生产材料或A、B、C分类）、物料的安全存量与最高存量、物料的订购点和订购量、物料的订购前置时间（购备时间）、物料的出入库及结存记录（即账目反映）。

2.物料卡管理应起到的作用

① 起着账目与物料的桥梁作用。

② 方便物料信息的反馈。

③ 料上有账，账上有料，非常直观，一目了然。

④ 方便物料的收发工作。

⑤ 方便账目的查询工作。

⑥ 方便平时周、月、季、年度的盘点工作。

3.物料卡的使用要点

物料卡一般由仓库保管员使用管理,它是仓库保管员根据物料入库单、出库单,用格式统一的卡片填制的。

物料卡使用管理的方式如下。

① 分散式,即把物料卡片分散悬挂在货垛或货架靠干道、支道一侧明显的位置上(图8-10)。在物料进出库时,随时登记物料进出仓数量和结存数量,用后挂回原处。

② 集中式,即将物料卡片按顺序编好号,放在卡片箱里,物料出库时抽出来填写,用后放回原处(图8-11)。另外在货垛上还需挂一张写有物料名称和编号的标志卡。

 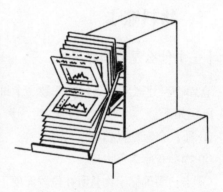

图8-10 将物料卡与物料放在一处　　图8-11 将物料卡按顺序放在卡片箱里

一般使用保管卡片时要注意一垛配一卡,一个品种、规格的物料配一卡。

一批物料不在一处存放不能同卡记录,以防止出差错。

如需对物料移库、移位、并垛,卡片也应随物料移动,并做出相应更改。

另外,一张卡片记完可转录下张,并将用完的卡片收存好,以备查考。这样,既能保持卡片的连续性,又能清楚地了解这种物料从入库到出库的变化情况。

(三)物料台账

物料台账是记录每天发生的物料进出、物料收发、物料退货、物料报废等各种物料变化情况的最原始、最全面的统计资料。物料台账详细地记录了每一天、每一个部门,甚至每个人的物料领用和使用情况。

1.物料台账的内容

物料台账根据其功能、作用、部门的不同可分为几类,例如仓库物料台账、产品物料台账、车间物料台账、个人物料台账等。

虽然物料台账的种类不一样,但一般都须包括以下内容。

① 明确材料耗用的项目,比如产品、订单、车间。

② 明确材料的类别,如原材料、辅助材料、包装材料、低值易耗品。

③ 明确耗用标的,如规格、型号、数量、单位、材料品质级别。

2. 产品类材料统计台账

产品类材料统计台账是以产品为类别,将其生产过程中所耗用的全部材料进行统计的一种台账,它的主要用途是可以清楚掌握某种产品的材料成本(表8-7)。

表8-7 ××产品材料耗用统计台账

产品名称: 数量:

材料类别	材料编号	材料名称	规格型号	品质等级	单位	计划数量	耗用登记							合计
							1日	2日	3日	4日	…	30日	31日	
原材料														
辅助材料														
包装材料														
低值易耗品														
其他材料														

复核: 统计:

3.订单类材料统计台账

订单类统计台账是以订单为主线,将该订单所有产品的全部材料耗用进行统计,它的主要用途是可以掌握某一订单的材料耗用,进而计算该订单的材料成本(表8-8)。

表8-8 订单耗用材料台账

订单号: 客户:

材料类别	材料编号	材料名称	规格	等级	单位	计划用量	耗用批次 1	2	3	4	5	6	7	合计
五金件														
电子元器件														
塑料材料														
辅助材料														
包装材料														
低值易耗品														
备注														

复核: 统计:

4.车间类材料统计台账

车间类材料统计台账是为了统计各车间的材料耗用情况,其结果对于车间的材料核算、各车间的业绩比较、同一车间不同时期的材料利用率等,具有比较重要的意义。

5.仓库类台账

仓库类台账是仓库物料进出的记录,仓库类台账的形式比较多,因企业的管理特点和材料特点的不同而不同。

（1）收货台账

收货台账是材料入仓时，仓库保管人员做收货记录的一种账目，它详细列明进仓材料的基本情况：采购者、检验者、收货者等（表8-9）。有特殊情况的，例如属让步收货、超量采购等，还应在备注栏里注明。

表8-9　收货台账

时间：

序号	物料编号	物料名称	规格型号	单位	入仓数量	入仓日期	实收数量	品质等级	采购单号	入仓人员	检验员	收货员	储存位置	备注

复核：　　　　　　　　　　　　　　　　统计：

（2）进销存账

进销存账是一种比较传统的仓库账目，它既有台账的作用，也可作为一种总账，它全面地反映每一天仓库的材料往来情况。但它又无法完全取代其他的账目，因为进销存账所反映的只是"进""出""结存"的状况，其他细节都忽略不计。

（3）发货台账

发货台账是详细记录发货情况的账目（表8-10）。发货应由专人负责，凭领料单发料，并分类进行登记，通过发料台账可以全面了解物料发放情况，也可以起到与其他账目核对的作用。

表8-10　发货台账

日期	物料编号	物料名称	单位	领用数量	领料单编号	用途	领料部门	领料员	备注

复核：　　　　　　　　　　　　　　　　统计：

（4）明细账

为了便于对入库商品的管理，正确地反映商品的入库、出库及结存情况，并为对账、盘点等作业提供依据，仓库管理人员要建立实物明细账，以记录库存商品动态。

实物明细账可分为无追溯性要求的普通实物明细账和可追溯性要求的库存明细账两种。仓库管理人员要根据对物品的具体保管要求，选择适当的账册，对物品库存情况进行记录。

① 普通实物明细账。对只需反映库存动态的物品，如进入流通的物品或企业内的工具、备品备件等，均可采用普通实物明细账记账，所包括的内容如表8-11所示。

表8-11　普通实物明细账

存货名称：　　　　　　　存货编号：　　　　　　　计量单位：
最高存量：　　　　　　　最低存量：　　　　　　　存放地点：

年		凭证		摘要	收入	发出	结存
月	日	种类	号码				

② 库存明细账。对有区分批次和有追溯性要求的商品，如企业生产所需的零部件、原材料等，可采用有可追溯性的库存明细账记账，它应该包括的内容如表8-12所示。

表8-12　库存明细账

存货名称：　　　存货编号：　　　规格：　　　计量单位：　　　库区：

年		凭证		摘要	收入		发出		结存		其中(A)			其中(B)			其中(C)		
月	日	种类	号数		批号	数量	批号	数量	批号	数量	批号	数量	库存	批号	数量	库存	批号	数量	库存

（5）个人台账

有些企业为了方便对领料者的管理，也采用一种个人台账（表8-13）。所谓个人台账是对经常领料的人员或管理人员设立单独的领料记录账簿，进行专门的管理。

例如，车间的模具师傅，会因为工作的需要经常领用一些供自己使用的材料和工具，这些既不属于订单材料，也不宜归到车间物料中去，因为材料的特殊性，叫其他人代领又很不方便，多由其个人领料。因此，建立个人台账对于这部分物料的领用控制很有必要。

表8-13　个人台账

领料人员：　　　　　　领料部门：

序号	领料日期	领料单号	物料品名	料号	数量	备注

（四）账目管理的要点

账目是物料管理的基础，它记录着仓储物料的静态状况和动态过程，仓库缺少了账目或账目出现错误与不完整，将对决策造成不良影响，将使物料管理工作无法正常进行。为了做好账目管理，企业必须注意以下几点。

① 指定专人负责记账。

② 实行记账人与发料人分设，管物的不记账，管账的不管物，以堵塞漏洞。

③ 实行定期检查的制度，对账物进行核对，出现问题及时纠正并处理。

④ 落实账目管理责任制，对于出现的问题要追究责任。

⑤ 建立仓储日报制度，每日上报仓储情况。

⑥ 建立监督机制，使用权力牵制。

⑦ 完善表单硬件，以方便工作的开展。

⑧ 应完善仓库的其他相关配套管理，理顺账目管理的外部环境。

⑨ 完善盘点制度。

第三篇

仓储现场管理实操

仓库是企业物资供应体系的一个重要组成部分，是企业各种物资周转储备的环节，同时担负着物资管理的多项业务职能。它的主要任务是：保管好库存物资，做到数量准确，质量完好，确保安全，收发迅速，面向生产，服务周到，降低费用，加速资金周转。

本篇主要由以下章节组成。

➡ 仓库入库管理

➡ 仓库储存管理

➡ 仓库出库管理

➡ 仓库盘点管理

➡ 仓库安全管理

第九章 仓库入库管理

导读

仓库入库管理是让手续齐全（办理入库手续等）的、品质合格的产品进入仓库，对于不合格品和供应商超采购订单数量的物料拒绝入库，从源头抓好来料和产品的质量、数量，控制库存。制造企业的仓库入库管理工作包括物料接收入库、成品入库、半成品入库、未用完的物料退仓入库等方面。

学习目标

1. 了解物资入库的主要程序及各步骤中的具体工作内容。
2. 掌握物料接收计划、物料接收入库流程、物料接收的三个关键点、接收过程中问题的处理技巧，以便做好物料的入库工作。
3. 了解成品及半成品的入库条件，掌握成品与半成品的入库流程及手续办理，掌握其入库后的管理要求。
4. 了解退料的类型、退料的处理方式，掌握物料退仓手续、退料的存放、处理、再使用等的管理要求。

学习指引

序号	学习内容	时间安排	期望目标	未达目标的改善
1	物资入库的主要程序			
2	物料接收入库			
3	成品入库			
4	半成品入库			
5	物料退仓入库			

物资入库指物资储存活动的开始,是仓储作业的首要环节。物资入库包括物资进入仓库时进行的卸货、查点、验收、办理入库手续等业务活动。

一、物资入库的主要程序

物资入库的主要程序如图9-1所示。

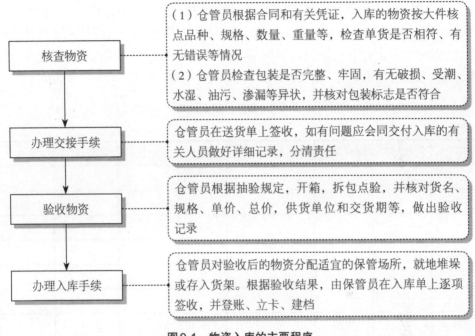

图9-1　物资入库的主要程序

物资只有办理完入库手续后方能发货。物资入库要求及时、迅速、准确,同时为物资出库创造方便条件。

制造企业物资供应中,常采取如下变通措施,即只办理物资入库手续,而物资本身实际上并不入库,就是所谓拓假入库。这是因为制造企业有时将生产急需而临时购入的物资,直接送往车间投入生产,不再入库储存,但要填制收料单和领料单,完成物资入库和出库手续。运用"假入库"这一方法既能及时满足生产急需,保证生产用料,又可减轻保管和装卸作业量,并减少物资损耗。

二、物料接收入库

(一)物料接收计划

要有计划地安排仓位,筹集各种器材,配备作业的劳动力,物控部门必须编制接收计划,以使仓库的储存业务最大限度地做到有准备、有秩序地进行。

物料接收计划,是根据采购部门提供的物料采购进货计划来编制的,企业物料采购进货计划,主要包括各类物料的进库时间、品种、规格、数量等。这种计划通常也叫物料储存计划。

物控部门根据采购部门提交的采购进度计划,结合仓库本身的储存能力、设备条件、劳动力情况和各种仓库业务操作过程所需要的时间,来确定物料接收计划。

采购部门的采购计划、进货安排会经常发生变化。为适应这种情况,物控部门在编制接收计划时可采取长计划、短安排的办法,按月编制作业计划。对于物料接收计划的称呼,各企业不一定一样,有的称物料月接收计划,有的称物料进厂进度控制表,有的称物料接收交期一览表等,以下提供几个范例供参考(表9-1~表9-3)。

表9-1 物料月接收计划

日期: 编号:

序号	接收日期	物料品名	物料规格/型号	供应商	交货数量	存放位置	备注
制作人		审核		采购部		仓管部	

表9-2 物料进厂进度控制

日期: 编号:

物料编号	规格型号	订购日	订购单号	厂商	订购数量	计划交货日	实际交货日	交货数量	进料验收单编号	备注

表9-3 物料接收交期一览

日期：___年__月__日　　　　　　　　　　　　　　　编号：

物料编号	品名规格	订购日	订单号	订购数量	计划分批接收数量	计划交期	厂商	备注

厂长：　　　　　　　　　生产经理：　　　　　　　　　制表：

注：本表一式三联，第一联交采购部，第二联交生产部，第三联交收料处。

（二）物料接收入库流程

接收物料的管理过程包括从接到收货通知单开始，到把物料存放到规定的位置为止的整个过程，具体步骤如图9-2所示。

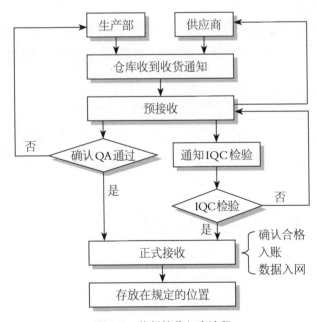

图9-2　物料接收入库流程

QA是Quality Assurance的英文缩写，意思为质量保证

1. 预接收材料

（1）确认供应商

物料从何而来，有无错误，都是仓库在收货的时候需要特别注意的。如果一批物料分别向多家供应商采购，或数种不同的物料同时进厂时，验收工作更应注意，验收完后的标示工作非常重要。这可通过厂商资料卡（表9-4）来进行确认。

表9-4 厂商资料卡

物料编号： 品名： 规格： 使用订单（产品）：

订购日期	厂商	订单号码	单价	订购数	预定交货日期	联系人及电话	交货资料							本订单余额	备注
							交货日	验收单编号	交货数量	发票号码	检验日期	验收良品数	不良品交换数		

（2）接收送货单

送货单（表9-5）是接收材料的凭证，是完成采购订单的具体体现。仓管员一旦在送货单上签了字，就意味着该物品被接收，也就可以办理其他入账关联手续。

表9-5 送货单

订单号： No.

TO: 地址：				电话：			编号： 日期：		
FROM: 地址：				电话：					
序号	品名	编号	规格	数量	单位	单价	金额	备注
送货员签字： 日期：					收货人签字： 日期：			

（3）预接收材料的方法

仓管员在预接收材料时要按以下的方法进行。

① 确认实物、清点数量、检查外包装状态和供方的检验合格标志。如有任何问题，都要当面指出。

② 确认上述两项后，接收员在送货单上签字。

③ 将签字后的送货单复印一份交给送货人，原件登记后送IQC通知检验。

2.通知检验

仓库通知IQC检验的方式有两种：开来料报告单和直接转交送货单。

① 开来料报告单，通知质管部IQC进行检验。

这种方法比较麻烦，因为要多开一次单，但它详细地描述了过程要求，比如检查期限、注意事项、编号、追溯、检查结果、处理结果等，这些都有利于物料的管控。

以来料报告单的形式通知IQC检验的过程如图9-3所示。

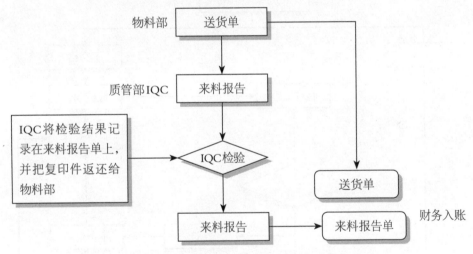

图9-3　以来料报告单的形式通知IQC检验的过程

② 直接转交送货单，通知IQC检验。

这种方法很简单，即经过登记后在送货单上加盖本公司的编号印记直接使用，但不容易追溯，比如，遇到送货单丢失时则没法查考。

以送货单的形式通知IQC检验的过程如图9-4所示。

3.按检验结果处理物料

（1）处理流程

按检验结果处理物料的流程如图9-5所示。

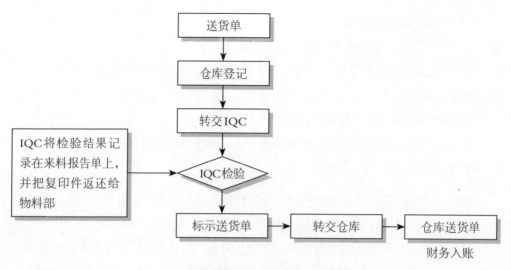

图9-4 以送货单的形式通知IQC检验的过程

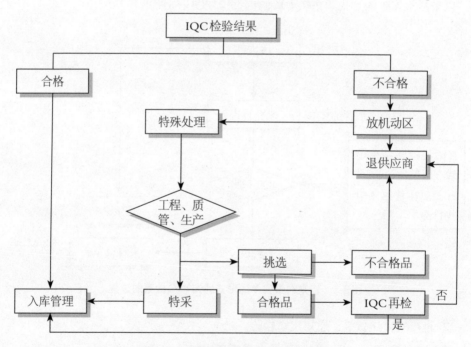

图9-5 按检验结果处理物料的流程

（2）依据IQC的检验结果处理相关物料

IQC对检验后物料的标示方法通常为：在送货单或来料报告上标注检验结果，如合格、不合格等；在被检验的物料或其外包装上标注检验结果，如粘贴IQC合格、不合格标签等。

仓库人员必须依据IQC的检验结果处理相关物料（图9-6）。

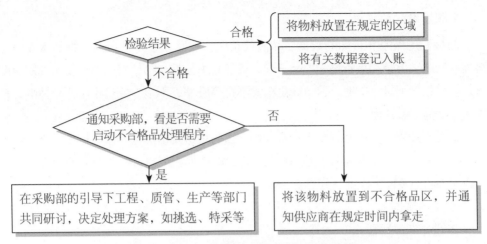

图9-6　依据IQC检验结果处理相关物料流程

仓库人员按上述决定结果对不合格品实施规定方法的处理。

① 将挑选的物料放置到机动区。对于选出的物料仓库人员重新开来料报告单交IQC检验，检验结果合格时按合格品处理，不合格时退还给供应商。对于选剩的物料仓库人员退还给供应商，并要求及时补料。

② 将特采的物料挂上适当标志后按合格品处理。不过仓库人员在发料时要识别是否为特采物料，并按规定用途发料，以确保有效追溯。

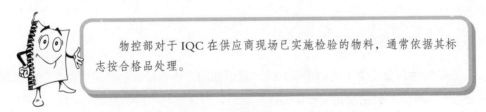

物控部对于IQC在供应商现场已实施检验的物料，通常依据其标志按合格品处理。

仓库人员通知供应商来取退料，必须开具退货（料）单（表9-6）。

表9-6　退货（料）单

退货厂商					订单号码			
					退货日期			
项次	料号	品名	规格	退货数量	不良原因	备注		
经理		生产		会计	厂商		仓库	质管

第一联：会计　　第二联：采购　　第三联：仓库　　第四联：厂商　　第五联：质管

4. 损害赔偿的提出

当检验的结果和订购的数量、品质及条件一致时，仓库人员办理物品入库就完全没有问题。但是如果货物和样品不同，或是有不良品、物料有一部分没达到质量要求、物料数量不足、交期延迟，或是出货不符等意外、不全，或是不履行等情形，仓库人员就需要做处理。

这时候仓库人员就必须要求损害赔偿，以防止这类情形再发生。例如，当数量不足时，仓库人员就要提早要求追加补充。提出赔偿的程度也会因为疏忽乃至重大过失等因素不同而有以下程度之分。

① 提出警告。
② 要求货品赔偿。
③ 要求金钱赔偿。

重要的是第②点与第③点。对于第②点可以要求损害赔偿、降价、拒绝支付等；而对于第③点可以要求解约，或者搭配组合以追求责任归属。

因为可以要求赔偿，所以采购部门和供应商事先一定要互相协商好相关赔偿条款和约定。

当数量、品质以及契约条件等检验都结束之后，仓库只接收合格的物料。而收货及验收业务会因为业种及货物的不同而各有所异，所以最好找出适用自己公司的方法。

（三）物料接收的三个关键点

订购的物料要交给采购的企业，因此最重要的是检验接收物料的作业。仓库基本上在物料入库前，就会决定好一定的库存场所，而最重要的还是验收的工作。

验收依照业务的内容不同分为两种：一种是检验所送货物与运送单上的内容是否相符合，或是检查数量是否无误，以及确认外形包装上是否有问题的"检查验收"工作；另一种就是将买方的订购单与卖方缴货单及送货单等一一核对检查的"检验"工作。

通常检验的工作比较受到重视，这个工作有以下三个基本要点（图9-7）。

1. 数量检验

数量检验通常与检查接收工作一起进行。一般的做法是直接检验，但是当现货和送货单没有同时到达时，就会实行大略式的检验。另外，仓管员在检验时要将数

图9-7　物料接收的三个基本要点

量做两次确认,以确保数量无误。

数量检验应注意以下问题。

(1)件数不符

在大数点收中,如发生件数与收货通知单(采购订单)所列不符,数量短缺,经复点确认后,仓管员应立即在送货单各联上批注清楚,应按实数签收,同时,由仓管员与送货人共同签章。

经验收核对确实,由仓管员将查明短少物品的品名、规格、数量通知承运单位和供应商。并开出短料报告(表9-7),要求供应商补料。

表9-7 短料报告

至:			编号:	
从:			日期:	
产品编号				
供应商名称		采购订单号		
来料日期		短料数量		
收料仓员		要求补回数量		
短料原因				
仓库主管核实		QC证明		
采购部意见		请供货商在 前补回短料数		

(2)包装异状

仓管员在大数点收的同时,对每件物品的包装和标志应进行认真查看。检查包装是否完整、牢固,有无破损、受潮、水渍、沾污等异状。物品包装的异状,往往是物品受到损害的一种外在现象。

① 如果发现异状包装,必须单独存放,并打开包装详细检查内部物品有无短缺、破损和变质。逐一查看包装标志,目的在于防止不同物品混入,避免差错,并根据标志指示操作确保入库储存安全。

② 如发现包装有异状,仓管员应会同送货人员开箱、拆包检查,查明确有残损

或细数短少情况，由送货人员出具物品异状记录，或在送货单上注明。同时，应另外安排一个地点堆放，不要与以前接收的同种物品混堆在一起，以待处理。

③ 如果物品包装损坏十分严重，仓库不能修复，加上因为包装损坏的原因而没有办法保证储存安全时，应联系供应商派人员协助整理，然后再接收。没有正式办理入库手续的物品，要另行堆存。

（3）物品串库

仓管员在点收本地入库物品时，如发现货与单不符，有部分物品错送来库的情况（俗称串库），仓管员应将这部分与单不符的物品另行堆放，待应收的物品点收完毕后，交由送货人员带回，并在签收时如数减除。

如在验收、堆码时才发现串库物品，仓管员应及时通知送货员办理退货更正手续，不符的物品交送货或运输人员提走。

（4）物品异状损失

这是指接货时发现物品异状和损失的问题。

① 设有铁路专用线的仓库，在接收物品时如发现短少、水渍、沾污、损坏等情况时，由仓管员直接向交通运输部门交涉。

② 如遇车皮或船舱铅封损坏，经双方会同清查点验，确有异状、损失情况，应向交通运输部门按章索赔。

③ 如该批物品在托运之时，供应商另有附言，损失责任不属交通运输部门者，也应请其做普通记录，以明责任，并作为必要时向供应商要求赔偿损失的凭证。

2. 品质检验

品质检验是确认接收的货物与订购的货物是否一致。对于物品的检验，还可以用科学的红外线鉴定法等，或者依照验收的经验及产品知识采取各种检验方法。

（1）检验物品包装

物品包装的完整程度及干湿状况与内装物品的质量有着直接的关系。通过对包装的检验，能够发现在储存、运输物品过程中可能发生的意外，并据此推断出物品的受损情况。因此，在验收物品时，仓管员需要首先对包装进行严格的验收。发现包装出现如图9-8所示的情况时要认真对待。

包装上有人为挖洞、开缝的现象	说明物品在运输的过程中有被盗窃的可能，此时要对物品的数量进行仔细的核对
包装上有水渍、潮湿时	表明物品在运输的过程中有被雨淋、水浸或物品本身出现潮湿、渗漏的现象，此时要对物品进行开箱检验

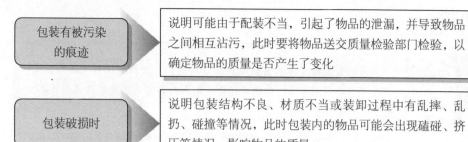

图9-8 包装可能出现的情况及处理方式

对物品包装的检验是对物品质量进行检验的一个重要环节。通过观察物品包装的好坏可以有效地判断出物品在运送过程中可能出现的损伤,并据此制定对物品的进一步检验措施。

（2）检验外观质量

物品外观质量检验的内容包括外观质量缺陷、外观质量受损情况及受潮、霉变和锈蚀情况等。

对物品外观质量的检验主要采用感观验收法（图9-9），这是用感觉器官，如视觉、听觉、触觉、嗅觉来检查物品质量的一种方法。它简便易行，不需要专门设备，但是却有一定的主观性，容易受检验人员的经验、操作方法和环境等因素的影响。

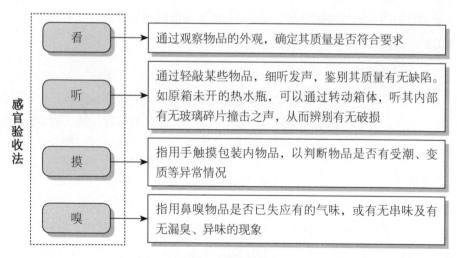

图9-9 感官验收法

对于不需要进行进一步质量检验的物品，仓管员在完成上述检验并判断物品合格后，即可为物品办理入库手续。而对于那些需要进一步进行内在质量检验的物品，仓管员应该通知质量检验部门，对产品进行质量检验。待检验合格后才能够办理物品的入库手续。

对物料的检查方式有全检和抽检两种，一般而言，对于高级品或是品牌物品都应做全面性检查，而对购入数量大，或是单价低的物品，则宜采取抽样性检查。

3. 契约（采购）条件检查

检验关于采购的契约条件，例如商品质量、数量、交货、价格、货款结算等条件是否相符等。

（四）接收过程中问题的处理技巧

1. 证件不齐

凡必要的证件不齐全时，到库商品、物料应作为待验商品、物品处理，堆放在待验区，临时妥善保管，待证件到齐后仓管员再进行验收。

2. 证单不符

供货单位提供的质量证明书与收货单位的入库通知单、订货合同不符时，仓库应通知采购部，按采购部提出的办法处理。

3. 规格、质量不符或错发

当规格、质量、包装不符合要求或错发时，仓管员先将合格品验收，查对不合格品或错发部分，核实后将不合格情况、残损情况、错发程度做好记录，由采购部决定是否退货。

4. 数量不符

数量不符时，如果商品、物料损益在规定磅差以内，仓库人员可按实际验收数量验收入库，并填写入库单（或验收单）；超过规定磅差时应查对核实，做好验收记录，并提出意见，送采购部再行处理，该批商品、物料在未做出处理结果前不得动用。

5. 证到货未到

凡有关证件已到库，但在规定时间内应入库商品、物料尚未到库，仓库人员应及时向相关单位反映，以便查询处理。

三、成品入库

（一）成品入库必备条件

成品是指经包装、质量管理部门检验符合企业内控标准、质量管理部门批准发放销售的产品。

（二）成品入库手续办理

成品入库手续的基本流程如图9-10所示。

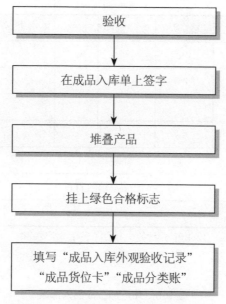

图9-10　成品入库手续的基本流程

（三）成品入库验收内容

① 车间成品入库应由车间填写"成品入库单"，交仓管员审核。验收"成品入库单""检验报告单""成品审核放行单"，逐项核对"三单"中的产品名称、规格、数量、包装规格和批号是否相符，与入库产品是否相符，字迹是否清楚无误，是否签印齐全。

② 检查产品外包装。

a.外包装上应醒目标明产品名称、规格、数量、包装规格、批号、储藏条件、生产日期、有效期、批准文号、生产企业以及运输注意事项等，每件外包装上应贴有"产品合格证"。

b.逐件检查产品包装箱上及"产品合格证"上的产品名称、规格、批号、包装规格、生产日期、有效期是否与入库单相符,不得有错写、漏写或字迹不清,不得混入其他品种、其他规格或其他批号的产品。

c.逐件检查外包装是否清洁、封扎严实、完好和无破损。

d.合格产品需检查是否分别贴有两个批号的"产品合格证",其内容是否符合要求。

e.清点数量,是否与"成品入库单"相符(表9-8和表9-9)。

表9-8 成品入库单

送货部门: 　　　　　　　　　　年　月　日　　　　　　　入库单号:

产品编号	品名	规格	包装规格	生产日期	批号	有效期至	检验单号	单位	数量
入库验收情况	数量点收(　　　)			外观检查(　　　)			合格证(　　　)		
	检验报告书(　　　)			成品审核放行单(　　　)					
备注:									

此单为四联①(白)仓库　　②(红)财务　　③(黄)生产车间　　④(绿)统计

审批人:　　　　　制单人:　　　　　经办人:　　　　　收货人:

表9-9 外厂加工成品入库单

年　月　日　　　　　　　　　　　　　　　　　　　　　　　　编号:

成品名称		数量		单价	
承制厂商		总价			
点收记录	□短交　□超交　□正确		点收人		
检验记录			检验人		
入库记录	成品	仓库		生产部	
	主管	经手人		主管	入库人

（四）成品入库后的摆放及入账

成品入库后应放置于仓库合格区内。成品入库后，仓管员应及时审核，在成品账上记录产品的名称、型号、规格、批号、生产日期、数量、保质期和入库日期以及注意事项，并按规定做出标示。

要记住，未经检验和试验或经检验和试验认为不合格的产品不得入库。

四、半成品入库

有的工厂设有半成品库，用来存放半成品；有的工厂则不会设立专门的半成品库，但也会划定一块地方来存放半成品，这会产生许多问题，生产部的人可以直接取货并与自己生产的半成品直接放到仓库里，这样严重影响了管理企业。要加强对半成品仓的管理必须建立基本的库管制度，比如物品出、入库流程，库房管理制度，库存物品盘点制度等。管理的重点在流程设计上。企业应围绕流程设计相关的表单，如出库单、入库单、领料单、盘点表等，这些表单要和财务统计结合起来，财务才可能做好账。

（一）半成品入库的工作流程

半成品入库的工作流程如图9-11所示。

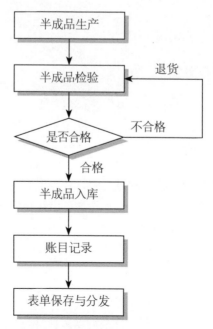

图9-11　半成品入库的工作流程

（二）半成品入库的检验

① 半成品仓管员应着手安排货仓物料人员按2%～5%抽点单位包装数量，并在抽查箱面上注明抽查标记。

② 数量无误后，仓管员在"半成品入库单"（表9-10）上签名，各取回相应联单，将货收入指定仓位，挂上"物料卡"。

表9-10　半成品入库单

生产部门：　　　　　　　　　　　　　　　　　　　编号：
生产单号：　　　　　　　　　　　　　　　　　　　日期：

编号	品名	规格	单位	生产批量	入库数量	质管判定	实收数量	备注

仓管员：　　　　　　　　　　　质管员：　　　　　　　　　　　生产物料员：

（三）账目记录

仓管员及时做好半成品的入账手续。

（四）表单的保存与分发

仓管员将当天的单据分类归档或集中分送到相关部门。

五、物料退仓入库

物料的退仓作业是指物料在检验的过程中，若出现质量问题或制造企业里需用部门对于领用的物料，在使用时遇到物料质量异常、用料变更或有溢余时，而将已办理发放手续的物料退回给仓库的业务活动。

（一）退料的类型

所退物料的类型如下。

① 当天下班前仍没有用完的易燃易爆危险品，比如：油漆、天那水等。

② 订单生产任务完成后的剩余材料。

③ 需要缴库管理的特殊材料、贵重材料等。
④ 可以再用的边角余料。
⑤ 加工错误但可以通过改制用到其他产品生产上的报废零部件。

制造部门退料应按照有关程序进行，并填写退料单，仓管员要核对退料单的内容与实物是否相符方可退料入库。

（二）退料的处理方式

1. 余料缴库

余料缴库是指制造部门将其领用而剩余的物料再退回到仓储部门。余料退回时，退料单位应该填写退料报告单，连同所退物料，到仓储部门办理退料。

2. 坏料缴库

坏料是指损坏而不能使用的物料，任何企业皆不可避免。制造部门在坏料退回时需开具坏料报告单，连同坏料一并缴回仓储单位。

3. 废料缴库

废料是工厂在制造过程中，遗留下来的碎残物料，其本身仍有残余价值。制造部门应在一定期间内将其收集，并开立废料报告单，与废料一并缴回仓储部门。

（三）物料退仓手续

仓库人员在办理物料退换时，首先要弄清其相应的手续，比如退料单，以便工作中有凭有据。

1. 签收退料单

仓管员接到退料单，应审查是否有责任人的签名。退料单的具体格式如表9-11和表9-12所示。

表9-11　退料单

日期：

物品编号	物品名称	生产通知单号	数量	好料	坏料		退料原因
					生产坏	来料坏	

退料人：　　　　　　IQC：　　　　　　仓库：　　　　　　审核人：

表9-12　坏（废）料退库单

工作命令号		退料单位		退料日期		年　月　日
组件编号		入库单位		会计科目		
元件编号	规格名称	退库数量	单位	发现损坏制度	发现损坏原因	
					□材料不良 □外出加工不良 □本厂加工不良	
退库原因及处理	□材料不良，退回供应商 □材料不良，不退供应商 □外出加工不良，退回外出加工厂商 □外出加工不良，不退外出加工厂商 □本厂损坏，可重修 □本厂损坏，报废			重修部分说明		
管理部	仓库	收料组	质管部	组长		班长

注：本单一式三联。第一联：退库单位→质管部→仓库→管理部。第二联：退库单位→质管部→仓库→（如何重修）→生产部。第三联：退库单位存查。

物料退换手续也可视为"物品接收"手续，即发料的冲减。仓管员在记账时，应在发出栏内用红字填写，从而增加库存数量和金额。同样，在仓库统计表中，也应作为减少发出量计算，但任何情况下，都不得重新验收入账，因为这样会造成假象。

2.办理物料的退料

仓库在开展物料退换时一定要注意以下事项。

（1）保持物料的完整性

对于退回的物料，仓管员应尽量保持其完整无损，比如，主机及附件、工具、技术资料、包装等齐全完备。

（2）进行认真检查

仓库在接收退料时，应认真检查，经过维护保管后，再存入仓库。

（四）退料的存放与处理运用管理

1.存放管理

仓库人员应按类别分区堆放各类退料。退料应分类定量，包装好，清点无误后，由仓管员分类存放到指定位置,并在物料卡上填注入库的日期及数量,以后按先进先出的原则送生产部门使用,以防存放过久而变质。

2.处理运用

仓库收缴的余料,必须全数予以检选,去除异物、分类、分色、分级并定量包装、存放。仓库应建立样卡,如需测定物性时,则委请技术部门办理。生产部门在审核制造通知单时,遇有可用余料的订单,应立即查核仓库的余料量,如有适用的,立即通知仓库备料,以供生产时转用。无回收价值的余料,应定期予以标售,避免变成滞料,也有助于堆放区域环境的整顿。

第十章
仓库储存管理

导 读

　　仓库储存管理就是科学保管原材料、半成品和成品。仓管员依据验收的结果，将原材料、半成品和成品移至相应的区域，按照不同的物品分类、分区管理的原则来存放。同时要注意仓储区的温、湿度，保持通风良好，干燥、不潮湿。也要进行养护（防锈除锈、防霉除霉、虫害防治），同时注意在库品的质量控制。

学习目标

　　1.了解物料堆放的原则和方法，掌握物料堆放的操作技巧及要求（要按包装标志要求摆放、存放，尽量采用标准包装）。

　　2.了解温度、湿度调控的方法，随时掌握仓库内的温、湿度，以确保库存品在适宜的环境中。

　　3.掌握库存物品养护——防锈除锈处理、防霉除霉处理、仓库虫害防治等的方法、技巧、细节。

　　4.了解在库品质量变异的原因，掌握质量控制方法：做好日常质量监督，对在库品进行稽核，呆料、废料及时处理等的操作方法。

学习指引

序号	学习内容	时间安排	期望目标	未达目标的改善
1	物料的堆放			
2	温度、湿度的控制			
3	防锈除锈处理			
4	防霉除霉处理			
5	仓库虫害防治			
6	在库品质量控制			

一、物料的堆放

一般人认为,导致物料产生质量问题的环节是物料的搬运过程,其实不然。如果没有掌握正确的物料储存方法,有可能因为累积过多而造成物料积压,从而造成最底层的物料出现质量问题。因此,在仓储作业中,仓管人员必须学会正确地堆放物料。

(一)物料堆放的原则

物料堆放的具体原则如下。

① 多利用仓储空间,尽量采取立体堆放方式,提高仓库空间利用率。

② 利用机械设备装卸,最好使用堆高机等增加货物堆放的空间。

③ 通道应有适当的宽度,并保持装卸空间。这样可以保证货物搬运顺畅,同时不影响货物装卸的工作效率。

④ 不同的货物应依本身的形态、性质、价值来考虑不同的堆放方式。

⑤ 货物堆放要考虑到先进先出的原则。

⑥ 货物堆放要考虑储存数量易读取。

⑦ 物料的堆放应方便识别与检查,如良品、不良品、呆料、废料的分开处理。

(二)物料堆放的方法

1.五五堆放法

五五堆放法是仓库物料堆放中最常见的堆放原则。

(1)内容

五五堆放法是根据各种物料的特性和包装做到"五五成行,五五成方,五五成串,五五成堆,五五成层",使物料叠放整齐,便于点数、盘点和取送(图10-1)。

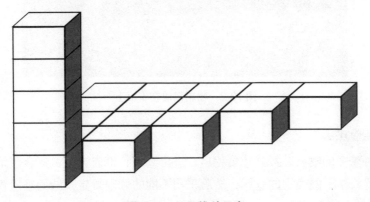

图 10-1　五五堆放示意

（2）注意点

① 此方法仅适用于外形规则的物料，对于不规则的慎用。

② 使用时候要考虑到是否会造成产品积压。

③ 五五堆放法不是固定的，四四堆放法、六六堆放法也可以被活用。

2.六号定位法

（1）内容

六号定位法是指按"库号，仓位号，货架号，层号，订单号，物料编号"六号，对物料进行归类叠放，登记造册，并填制物料储位图以便于迅速查找物料的调仓。

（2）注意点

① 此方法适用于体积较小、数量少的物料。

② 物料的频繁使用过程中，容易导致物料存放地方的变更，因此应注意日常调整。

3.托盘化管理法

将物料码放在托盘上、卡板上、托箱中，便于成盘、成板、成箱地叠放和运输，有利于叉车将物料整体移动，提高物料保管的搬运效率，如图10-2所示。

图10-2 物料码放在卡板上

4.分类管理法

将品种繁多的物料，按其重要程度、进出仓率、价值大小、资金占用情况进行分类，并置放在不同类别的仓区；然后采用不同的管理规定，做到重点管理，兼顾一般。

【实例】

某水龙头企业的仓库分区图如下。

A区	B区
2301 2302 2303 2304 2305	3302 3305 3306 3307
C区	C区
5602 5603 5608 5609 5610	1602 1603 1604 1605 1606

该企业按照物料编码分类进行物料堆放,如下所示:

A区放置23类龙头;

B区放置33类龙头;

C区放置56类龙头;

D区放置16类龙头。

(三)物料堆放的操作

1. 三层以上要骑缝堆放

骑缝堆放即相邻层面间箱体要互压,要求箱体相互联系、合为一体,这样可防止物料偏斜、摔倒(图10-3)。

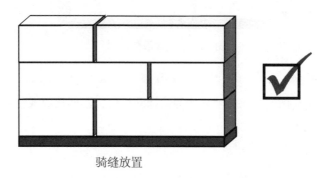

骑缝放置

图10-3 骑缝放置

2. 堆放的物料不能超出卡板

堆放的物料不能超出卡板,即堆放的物料要小于卡板尺寸,要求受力均匀平衡,不要落空,这样可防止碰撞、损坏纸箱(图10-4)。

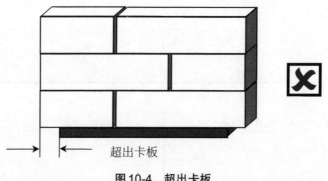

图10-4　超出卡板

3.遵守层数限制

遵守层数极限即纸箱上有层数限制标志，要求按层数标志堆放，不要超限，以防止压垮纸箱、挤压物料（图10-5）。

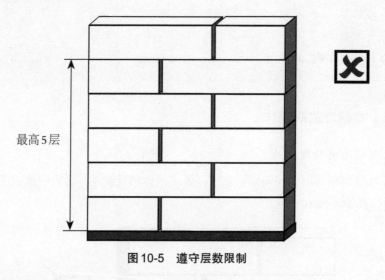

图10-5　遵守层数限制

4.不要倒放物料

在纸箱上有箭头指示方向，要求按箭头指向堆放，不要倒放或斜放，以防止箱内物料挤压（图10-6）。

5.纸箱已变形的不能堆放

如果纸箱外部有明显的折痕则不能堆放，因为变形的纸箱不能承重。受损的纸箱要独立放置，以防止箱内物料受压（图10-7）。

6.纸箱间的缝隙不能过大

即同层纸箱要有间隔距离，因为纸箱的尺寸可能不一样。堆放要求是最大缝隙应不能大于纸箱，以防止箱内物料受挤压（图10-8）。

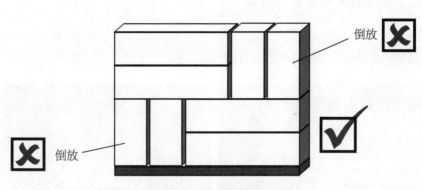

图 10-6　不要倒放物料

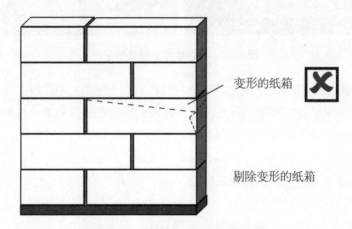

图 10-7　纸箱变形的不能堆放示意

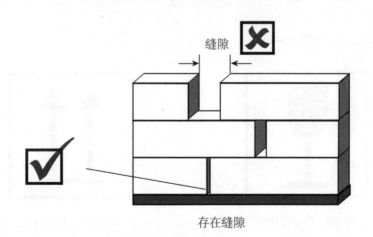

图 10-8　纸箱间的缝隙不能过大示意

（四）要按包装标志要求摆放

包装标志是印制或粘贴于物料包装箱上的各种图案，它的目的是指示物料在搬运与保管过程中需要遵守的注意事项，以便满足物料防护的有效性（图10-9）。

图10-9　按包装标志摆放示意

凡是有国标或其他规定已经规范了的包装标志在使用中必须按规定要求印制，对于一些危险品的标志还应遵循国际标准或所涉及的国家和地区标准，否则流通中就可能会出现问题。正确的标志和使用包装标志有助于对物料进行合理的防护，以减少因意外造成的损失。为了便于在不同语言环境中理解，包装标志应尽量使用通用的简明易懂的图形。下面是一些常用的包装标志。

① 小心轻放标志，见图10-10。

用于货物的外包装上。表示包装内货物易碎，不能承受冲击和震动，也不能承受大的压力，如灯泡、电表、钟表、电视机、瓷器、玻璃器皿等，要求搬运、装卸时必须小心轻放。

② 向上标志，见图10-11。

图10-10　小心轻放标志　　　　图10-11　向上标志

用于货物外包装上。表示包装内货物不得倾倒、倒置。例如，墨水、洗涤剂、电冰箱等产品在倾倒的情况下会受损以致影响使用，要求在搬运和放置货物时注意其向上的方向。

③ 由此吊起标志，见图10-12。

用于货物外包装上。表示吊运货物时挂链条或绳索的位置。可在图形符号近处找到方便起吊的起吊钩、孔、槽等，避免在装卸中发生破箱等损坏现象，也有利于提高装卸效率。

④ 重心点标志，见图10-13。

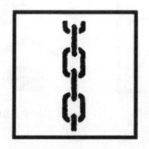 

图10-12　由此吊起标志　　　　　图10-13　重心点标志

用于货物重心所在平面及货物外包装上，指示货物重心所在处。在移动、拖运、起吊、堆垛等操作时，避免发生倒箱等损坏现象。

⑤ 重心偏斜标志，见图10-14。

用于货物重心所在平面及货物外包装上。表示货物重心向右偏离货物的几何中心，货物容易倾倒或翻转。如符号变为其镜像，则表明重心容易向左偏移。

⑥ 易于翻倒标志，见图10-15。

图10-14　重心偏斜标志　　　　　图10-15　易于翻倒标志

货物易于倾倒，在搬运放置时要注意安全。

⑦ 怕湿标志，见图10-16。

用于怕湿的货物。表示包装件在运输过程中要注意防雨淋或直接洒水，在储存中要避免存放在阴暗潮湿或低洼处。

⑧ 怕热标志，见图10-17。

用于货物外包装上。表示包装内货物怕热，不能曝晒，不许置于高温热源附近。

⑨ 怕冷标志，见图10-18。

用于货物外包装上。表示包装内货物怕冷，不能受冷、受冻。

图10-16　怕湿标志　　　图10-17　怕热标志　　　图10-18　怕冷标志

⑩ 堆码极限标志，见图10-19。

用于货物外包装上。表示货物允许最大堆垛的重量、层数，按需要在符号上添加数值。

⑪ 温度极限标志，见图10-20。

表示货物需要控制温度的范围。要求货物在一定的温度环境下存放，不许超过规定的温度。符号上最低和最高温度可按货物的需求填写。

 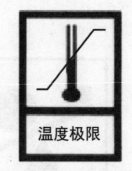

图10-19　堆码极限标志　　　　图10-20　温度极限标志

⑫ 由此撕开标志，见图10-21。

表示包装的撕开部位。符号的三个箭头指向表示撕开的方向。一般用于软封装、纸盒或纸箱等外包装上。

⑬ 由此开启标志，见图10-22。

表示包装箱开启位置。一般用于较硬的、需用工具开启的外包装箱上。

图10-21　由此撕开标志

图10-22　由此开启标志

⑭ 禁止翻滚标志，见图10-23。

表示搬运货物时不得滚动，只能做直线移动，如平移、上升、放下等。

⑮ 禁用手钩标志，见图10-24。

用于货物外包装上。表示不得使用手钩直接钩着货物或其包装进行搬运，例如纸箱、麻袋等包装件。此标志的目的是为了既要保护包装本身不受损坏，也要保证商品不受损失。

图10-23　禁止翻滚标志

图10-24　禁用手钩标志

（五）存放尽量采用标准包装

尽量采用标准包装（图10-25），如桶装、盒装、柜装、箱装等。同种物料尽量采用同一种包装形态（包装材料、内装材料、数量、放置形式等）。做到过目点数、复核方便、成行成列、整齐易取。

二、温度、湿度的控制

为了维护仓储物料的品质完好，创造适宜于物料储存的环境，当库内温度、湿度适宜物料储存时，就要设法防止库外气候对库内的不利影响；当库内温度、湿度不适宜物料储存时，就要及时采取有效措施调节库内的温度、湿度。

统一用纸箱，大小一样，点数起来很方便

油料等用标准桶装

图10-25 采用标准包装

（一）调控的方法

控制和调节库内温度、湿度有效的方法是采用密封、通风和吸潮相结合。其具体内容如下。

1. 密封调控法

密封，就是把物料尽可能严密地封闭起来，减少外界不良气候的影响，以达到安全保管的目的。采用密封方法，要和通风、吸潮结合运用，如运用得当，可以得到防潮、防霉、防热、防融化、防干裂、防冻、防锈蚀、防虫等多方面的效果。密封保管时应注意以下事项。

① 密封前要检查物料品质、温度和含水量是否正常，如发现发霉、生虫、发热、水浸等现象就不能进行密封。

② 密封的时间要根据物料的性能和气候情况来决定。怕潮、怕融化、怕霉的物料，应选择在湿度较低的时节进行密封。

③ 常用的密封材料有塑料薄膜、防潮纸、油毡纸、芦席等。密封材料必须干燥、清洁、无异味。

2. 通风调控法

通风就是利用库内外空气温度不同而形成的气压差，使库内外空气形成对流，来达到调节库内温度、湿度的目的。空气从压力大的地方向压力小的地方流动。当库内外温度差距越大时，空气流动就越快。若库外有风，借风的压力更能加速库内外空气的对流，但风力也不能过大（风力超过5级灰尘较多）。

通风的目的分为降温（增温）和散潮两种。所以，正确地进行通风，不仅可以调节与改善库内的温、湿度，还能及时地散发物料及包装物上多余的水分。

3.吸潮调控法

在梅雨季节或阴雨天，当库外湿度过大不宜进行通风散潮时，可以在密封库内用吸潮的办法降低库内湿度。仓库中通常使用的吸潮剂有氯化钙、硅胶等。

（二）掌握库内温、湿度

在仓库内可放置温度计和湿度计来测量库内的温度及湿度，每天8:00～10:00和14:00～16:00各观察一次，并将观察结果记录在温、湿度记录表上（表10-1）。在观察温度、湿度计时，不要把手、头、灯等接近温度计、湿度计的球部，更不能触及其表面，视线与水银柱的顶端应保持同一高度。

表10-1 仓库温、湿度记录

库号：　　　　　　　　放置位置：　　　　　　　　储存物品：
安全温度：　　　　　　安全相对湿度：

日期	上午						下午						备注
	天气	干球/摄氏度	湿球/摄氏度	相对湿度/%	绝对湿度/(克/米³)		调节措施	记录时间	天气	干球/摄氏度	湿球/摄氏度	相对湿度/%	绝对湿度/(克/米³)	调节措施	记录时间	
					库内	库外							库内	库外			
1																	
2																	
3																	
4																	
5																	
6																	
7																	
8																	
…																	
30																	
31																	

三、防锈除锈处理

防止金属锈蚀是金属材料和金属制品保管的一项重要任务。金属锈蚀的原因很多,如大气锈蚀、土壤锈蚀、海水锈蚀、接触锈蚀等;而产生这些锈蚀的根本原因,是化学锈蚀和电化学锈蚀,其中电化学锈蚀最为普遍,最为严重。金属材料和金属制品的保养方法分为两大类,即防锈和除锈。

(一)金属防锈

仓储保管应以预防为主,加强物品的储存保养。对金属材料和金属制品的防锈方法很多。在仓储保管中所采用的防锈办法,主要有以下几种。

1. 控制和改善储存条件

① 选择适宜的保管场所。应尽可能选择远离有害气体和粉尘的厂房,远离酸、碱、盐类物质或气体。储存场所需具有良好的排水系统,货场要用碎石或炉灰垫平,以增强地面表层的透水性,保持库区的干燥。

a. 一般价值较高的贵重金属、小型精密配件和五金制品都应存放在库房中;小型薄壁管材,冷、热轧钢板,硅钢片和小型优质钢材等,应存放在库房,如果条件不具备也可存放在料棚中,但存放时一定要下垫上苫。

b. 镀锌铁板、马口铁、金属制品和小型钢丝绳等可存入料棚内,如有条件最好存放在库房中。

c. 大中型材料,如圆钢、方钢、六角钢、工字钢、槽钢、各种型号的钢轨,可以在露天场地以下垫上苫的方式存放。

d. 贵重、有特殊性能的金属及金属制品,要用专门的库房存放。易燃物品不能裸露存放,应远离火源存放。例如:高纯度的镁在空气中能自燃;硅铁受潮会分解出有毒气体,遇碱产生氢气,有爆炸、燃烧的危险。因此,为这类材料选择库房时需特别注意。

② 保持库房干燥。保持库房相对湿度在70%以下,较精密的金属制品必须在库房储存,并禁止与化工物品或含水量较高的物品同库储存。

③ 保持物品及储存场所的清洁。

④ 妥善码垛和苫盖。码垛时要垫高垛底,以加强垛下的通风。

⑤ 保持、保护材料的防护层和包装的完好。如果包装损坏,应进行修复或更换;当包装受潮时,应对包装材料进行干燥处理;如果发现防锈油已被破坏或干涸,应及时进行清洗,重新涂油。

⑥ 坚持定期的质量检查,并做好质量检查记录。

2.涂油防锈

在金属表面涂（或浸，或喷）一层防锈油脂薄膜。

3.气相防锈

气相防锈是一种常用的防锈方法，主要种类有以下几种。

① 粉末法。把气相防锈粉末撒在产品表面，或用器皿盛装后置于包装物内，或用纱布包好后悬挂于产品周围。

② 浸涂纸（布）法。将气相缓蚀剂溶解于蒸馏水或有机溶剂中成为溶液，然后浸涂或刷涂在防锈纸或防锈布上，干燥后即成为气相防锈纸或气相布，含量一般为 5~30克/米^2。

使用时直接用其包装金属制品即可，然后在它的外面用石蜡纸或塑料袋包装。

③ 溶液法。用上述方法把防锈剂制成溶液，喷涂在金属表面，然后用石蜡纸或塑料袋包装。

4.可剥性塑料材料防锈

可剥性塑料材料是以塑料为基体的一种防锈包装材料。可剥性塑料涂抹于金属表面上成膜后，被一层析出的油膜与金属隔开，所以，启封时不需借助溶剂而能用手轻易剥除。这种材料适用于钢、铁和铝等金属，而且膜的韧性好，但费用昂贵。

5.涂漆防锈

在金属制品表面均匀地涂上一层油漆，是应用极其广泛的一种防锈方法。其优点是施工简单、适用面广；缺点是易开裂、脱落，而且可从漆层空隙间透过湿气，往往在漆层底下发生金属锈蚀。

6.防锈水防锈

防锈水防锈也是应用比较广泛的防锈方法，但因防锈期限短，所以多用于工序间防锈。

（二）金属除锈

金属除锈的方法有人工除锈、机械除锈、化学除锈和电化学除锈，其具体内容如下。

1.人工除锈

人工除锈是利用砂纸、砂布、钢丝刷、刻刀等简单的工具，对生锈的金属表面进行手工除锈。

2.机械除锈

机械除锈是利用机械摩擦的方法将金属表面上的锈蚀除去。常用的方法有抛光机除锈和钢（铜）丝轮除锈。

3. 化学除锈

化学除锈是利用除锈液与金属表面的锈蚀物发生化学反应，将锈迹除去。例如，铬酐、磷酸与水按一定的比例兑成溶液，将锈蚀金属浸入其溶液中，至锈蚀除净取出，并用清水冲洗后，迅速放入钝化液（钝化液配方为：硅酸铜1.0%，碳酸钠2.0%，三乙醇胺0.5%，其他为水）即可。

4. 电化学除锈

电化学除锈是将锈蚀金属制品浸入电解溶液中，并接通电源，通过电化学作用除去锈蚀物的方法。电化学除锈主要用于形体较大的金属制品。

四、防霉除霉处理

物品霉变的防治主要是针对物品霉变的外因——微生物产生的环境条件，而采取相应的技术措施。常见易霉变的物品见表10-2。

表10-2 常见易霉变物品

食品	糖果、饼干、糕点、饮料、罐头、酱、醋、肉类、鱼类和鲜蛋等
日用品	化妆品等
药品	以淀粉为载体的片剂、粉剂、丸剂，以糖液为主的各种糖浆，以蜂蜜为主的蜜丸，以动物胶为主的膏药，以葡萄糖等溶液为主的针剂等
皮革及其制品	皮鞋、皮包、皮箱和皮衣等
纺织品	棉、毛、麻、丝等天然纤维及其制品
工艺品	竹制品、木制品、草制品、麻制品、绢花、面塑、绒绣和雕刻等

对防治物品霉变所采取的措施有两条：一条是加强储存物品的保管工作；另一条是采取药物防霉腐。其具体内容如下。

（一）储存物品的合理保管

① 加强每批物品的入库检查，检查有无水渍和霉腐现象，检查物品的自然含水量是否超过储存保管范围，包装是否损坏受潮，内部有无发热现象等。

② 针对不同物品的性质，采取分类储存保管，达到不同的物品采用不同的储存保管条件，以防止物品的霉变。

③ 根据各季节和各地区不同的储存保管条件，采取相应的通风降温措施，使库内温度和湿度达到抑制霉菌生长及繁殖的要求。

（二）药剂防霉腐

药剂防霉腐即采取对霉腐微生物具有抑制和杀灭作用的化学药剂，喷洒到物品上，达到防止霉腐作用。防霉腐药剂的种类很多，常用的工业品防霉腐药剂有亚氯酸钠、水杨酰苯胺、多聚甲醛等。

另外，由于多数霉腐微生物只有在有氧气的条件下才能正常繁殖，所以，可采用氮气或二氧化碳气体取代物品储存环境的空气，使物品上的微生物不能生存，达到防霉腐效果。这种方法常用于工业品仓库。

五、仓库虫害防治

仓库害虫简称"仓虫"，是指能在仓库环境中生长，危害库存物品、包装物和仓库设备的昆虫。仓虫的种类很多，现已发现的就有60多种，严重危害物品的达30多种。仓虫不仅蛀蚀物品，造成物品减量、变质，而且对仓库建筑、设备也有损坏，因此，必须做好仓虫的防治工作。

（一）仓虫特性和外界因素对仓虫的影响

1.仓虫的生活特性

仓虫大多数来源于农作物，由于长期生活在仓库中，因此形成了能适应仓库环境的生活习性。

① 适应性强。仓虫一般能耐热、耐寒、耐干、耐饥，并具有一定的耐药能力；大多数仓虫在45摄氏度高温时仍能生存，在0摄氏度左右时处于休眠状态，但也不易冻死。除部分仓虫喜欢潮湿外，大多数仓虫能耐旱，能在含水量极低的物资中生长、繁殖。

② 食性广杂。仓虫的口器发达，能咬食质地坚硬的物资，如吃镜子上的水银膜、电缆里的铅皮，大多数仓虫具有多食或杂食性。

③ 活动隐蔽。大多数仓虫体形很小，体色较深，隐藏在阴暗角落或在物资中蛀成隧道，冬季又常在板墙缝隙中潜伏过冬。

④ 繁殖力强。由于仓库环境气候变化小，食物丰富，活动范围有限，雌雄相遇机会多等原因，一年内能繁殖几代。

⑤ 趋性强。仓虫具有趋光性、趋热性。

2.外界因素对仓虫的影响

影响仓虫生长繁殖的因素主要有温度、湿度和食物。

① 温度，与仓虫生长繁殖关系密切。对多数仓虫来说，8～40摄氏度为有效温

度范围，22～30摄氏度是最适范围，48～52摄氏度多数死亡，8摄氏度以下处于冷昏迷状态，低温致死温度在0摄氏度以下。

② 湿度，大多数仓虫最适宜相对湿度在70%～90%之间。湿度主要影响仓虫的生长速度和繁殖能力，一般湿度越大，其繁殖能力越强。

③ 食物，直接影响仓虫的生长繁殖，当食物不能满足仓虫需要时，生长繁殖速度就迟缓，繁殖能力就减弱。

（二）预防仓虫的主要措施

1. 把好物品入库关

仓虫的来源，一是潜藏在仓库建筑和设备缝隙中的越冬害虫，二是随着入库物品及其包装带入库的害虫。因此，在物品入库前要对库房进行严格检查，摸清仓虫的潜伏情况，采取措施进行杀灭。

对准备入库的物品，先检查包装，看其周围缝隙处有无虫茧形成的絮状杂黏物和仓虫排泄物。然后打开包装检查，看其是否有蛀痕和虫迹。如在入库前发现包装或物品已生虫，应隔离存放，进行杀虫处理，否则不得入库堆垛。

2. 做好仓库清洁卫生

库房内要常打扫，凡仓虫容易潜伏的地方，要特别注意清扫，各种缝隙应采取剔、刮、填补和粉刷等措施，将其除净填平，库外四周要清除杂草，疏通渠道，清除积水和垃圾。

3. 控制库内温度、湿度

由于大多数仓虫喜潮湿、温暖、黑暗，所以库房内应保持干燥、明亮，使之不利于仓虫的孳生。

4. 勤检查

对库存物品及包装要常检查，看有无仓虫孳生，一旦发现，应立即采取防治措施。

5. 使用驱虫药剂

可以起到防虫作用，常用的驱虫药剂有萘、对二氯化苯和樟脑精等。

（三）杀灭仓虫的主要方法

1. 物理机械防治法

如采用高温杀虫，主要是利用日光曝晒、烘烤、热蒸和远红外线照射。如采用低温杀虫，主要是利用通风降温，必要时可利用冷冻设备，将库温降到0摄氏度以下，从而达到杀虫的目的。

2. 化学药剂防治法

化学药剂防治法主要是使用各种有毒性的化学药剂，使仓虫中毒死亡。常用的化学药剂有敌敌畏、敌百虫、滴滴涕、磷化铝、氯化苦和硫黄等。使用药剂灭虫，速度快、效率高，但是会污染环境，有损物资质量，对人体有害，因此，必须按照一定的配量和规定的方法来进行，切不可任意乱用。

六、在库品质量控制

许多人认为，质量控制的难点在车间现场。因而每一个生产性企业多将大批的质量控制力量输送到车间现场，但质量问题却还是未能消除。这是因为许多人都忘记了一个质量盲区，即在库品的质量变异。

（一）在库品质量变异的原因

一般认为，导致在库品质量变异的原因有以下几种。

1. 自然变异

有些物料会随着时间的推移而老化，最明显的是食品类物料。

2. 积压变异

由于物料的堆放不当，上层物料在重力的作用下积压下层物料，导致下层物料发生质量变异。

3. 搬运变异

物料在进出仓库的过程由于碰撞而导致的损害。

4. 混装

有时由于仓管员的马虎，导致不合格品与合格品的混装。

（二）做好日常质量监督

1. 日常质量监督的方式和性质

总体上讲，在库品日常质量监督的工作方式是巡视，性质是目视检查。

① 巡视：定时巡回查看。

② 目视检查：用眼睛观察确认。

2. 日常质量监督的实施频率

① 每班不少于一次。

② 夜班也不能例外。

3. 日常质量监督的内容

① 仓库的温度和湿度。

② 物品的摆放状态，如有无东倒西歪等。

③ 物品本身的状态，如有无腐烂、生锈等。

④ 物品的环境状态，如有无雨淋、日晒等。

⑤ 仓库的消防状况，如消防设备是否齐全、有效，数量是否足够，存放的地点是否合适等。

⑥ 仓库的防盗状况，如门、窗有无破损，门、窗锁是否有效，防盗方面是否存在其他隐患等。

⑦ 仓库的照明状况。照明是否能够满足仓库作业要求，照明设施有无损坏等。

⑧ 仓库的设备状况。仓库的各项设备如起重设备、叉车、货架、托盘等是否完好。

日常质量监督无须记录检查报表（表10-3），但必须有实施确认表，以免责任人遗忘和进行必要的追溯。

表10-3 仓库巡查记录

检查项目	月 日 星期一	月 日 星期二	月 日 星期三	月 日 星期四	月 日 星期五	月 日 星期六	月 日 星期日
库房清洁							
作业通道							
用具归位							
货物状态							
库房温度							
房间湿度							
照明设备							
消防设备							
消防通道							
防盗							
托盘维护							
检查人							

注：1. 消防设备每月做一次全面检查。

2. 将破损的托盘每月集中维护处理。

（三）对在库品进行稽核

对在库品的稽核主要分两个层次：仓管员的稽核与质检人员的稽核。

1.仓管员的稽核

仓管员的稽核应体现在日常工作中，需要建立一个由主管牵头，全仓库人员积极参与的稽核模式。

（1）仓管员查核

仓管员查核通常采用目视的方法，具体内容如下。

① 查核物料是否受到挤压、变形。

② 查核物料是否受到温度影响、生锈。

③ 查核物料是否受到时间影响、腐化。

④ 查核物料摆放位置是否恰当，是否会出现倒塌。

⑤ 查核物料是否在有效保质期内。

⑥ 查核物料是否混装不合格品（显性）。

⑦ 查核物料的包装是否脱落。

（2）工作步骤

① 仓库主管派专人每天巡视一次。

② 仓库各区域负责人每天巡视两次。

③ 仓库主管每天抽查。

④ 填写物料质量稽核记录（表10-4）。

⑤ 总结、改善、汇报。

表10-4 仓库物料质量稽核

（仓库自检）

稽核员： 编号：

受稽核单位					填表日期： 年 月 日	
项次	稽核物料	稽核内容	状况		不符合状况说明	
			符合	不符合		

2.质检人员的稽核

（1）质检人员的稽核内容

质检人员对仓库在库品的稽核通常要运用工具，或者实验的方法，其主要内容包括：

① 稽核物料的尺寸是否发生变化；

② 稽核物料的组成元素是否发生变迁；

③ 稽核物料的功能是否完善；

④ 稽核物料的保质期是否有效；

⑤ 稽核来料检验是否出现遗漏；

⑥ 稽核仓库的仓管方法是否正确；

⑦ 稽核物料中是否混装了不合格品（隐性）。

（2）稽核方式

质检人员的稽核有两种方式：一是定期巡检；二是不定期抽检。

定期巡检指按照每周一次的巡检方式对重要物料实施逐一检查；不定期抽检是不设定检查频率，而是每天去仓库抽查一个产品，看是否出现质量问题。

（3）步骤

① 首先查看仓库在库品的存储情况。

② 其次选取需要抽查的产品。

③ 对选取对象实施检验。

④ 填写检查表（表10-5）。

表10-5 仓库物料质量稽核

（质管部稽核）

稽核员：　　　　　　　　　　　　　　　　　　　　　　　编号：

受稽核单位							填表日期：	年　月　日
项次	物料	稽核方式	品质状况					不符合状况说明
			尺寸	功能	结构	外观	其他	

注意：在进行质量稽核时，首先要稽核产品存储的情况，因为质检人员不太清楚仓库的具体情况。

（4）在库品的检验结果的处理

在库品的检验结果的处理应以检验记录为依据来进行。如果是合格品，则让其继续维持原来状态；如果出现质量变异，必须马上对其实施隔离，如图10-26所示。

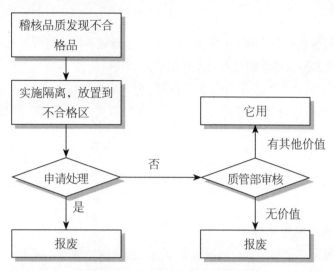

图 10-26　在库品的检验结果处理

（四）呆料、废料及时处理

1.对呆料、废料进行分类

（1）呆料

呆料即物料存量过多，耗用量极少，而库存周转率极低的物料，这种物料可能偶尔耗用少许，很可能不知何时才能动用甚至根本不再有动用的可能。呆料为百分之百可用的物料，未丧失物料原来应具备的特性和功能，只是呆置在仓库中，很少去动用而已。通常是根据其最后异动日（该物料最近一次进出日期）判断，当其最后异动日至盘查日期的间隔日期超过180天时，仓库人员就可以通过填写"半年无异动滞料明细"（表10-6），报请主管人员审批。

表 10-6　半年无异动滞料明细

物料名称	单位	名称规格	入库日期	最近半年无异动			发生原因		拟处理方式		
				数量	单位	金额	原因	说明	办法	数量	期限

主管批准：　　　　　　　　　　　　　　　　　　　经办人：

（2）废料

废料是指报废的物料，即经过使用后，本身已残破不堪、磨损过甚或已超过其寿命年限，以致失去原有的功能而本身无利用价值的物料。

（3）旧料

旧料是指物料经使用或储存过久，已失去原有性能或色泽，致使物料的价值降低。

（4）残料

残料是指在加工过程中所产生的物料零头，虽已丧失其主要功能，但仍可设法利用。

2．呆料、废料处理目的

物料变成呆料、废料，其价值已急剧下降，而仓储管理费用并不因为物料价值下降而减少，因此以同样的仓储管理费用保存价值急剧下降的物料，显然不是很经济。呆料、废料之所以要处理，目的在于如图10-27所示的几个方面。

图10-27　呆料、废料处理的目的

（1）物尽其用

呆料、废料弃置在仓库内而不能加以利用，久而久之物料将锈损腐蚀，降低其价值，因此应物尽其用，适时予以处理。

（2）减少资金积压

呆料、废料闲置在仓库而不能加以利用，使一部分资金积压于呆料、废料上，若能适时加以处理，即可减少资金的积压。

（3）节省人力及费用

呆料、废料未处理前，仍须有关的人员加以管理，因此会产生各种管理费用，若能将呆料、废料加以处理，则上述人力及管理费用即可节省。

（4）节约仓储空间

呆料、废料日积月累，势必占用庞大的仓储空间，可能影响企业的仓储管理。为节省仓储空间，呆料、废料应适时予以处理。

3．做好呆料处理

（1）呆料的预防

预防呆料的产生比起处理呆料来说更加重要，所以，需要了解其产生的原因，并采取恰当的方法有效减少呆料的生成。

（2）呆料的处理

处理呆料的途径主要有以下几种。

① 调拨给其他单位利用。本单位的呆料，其他单位仍可设法利用，可将呆料进行调拨。

② 修改再利用。既成呆料，利用机会就少，有时将呆料在规格上稍加修改，就能够得以利用。

③ 借新产品设计时推出，消化库存的呆料。

④ 打折出售给原来的供应商。

⑤ 与其他公司用以物易物的方式相互交换处理。

⑥ 破坏焚毁。对于无法出售、交换、调拨再利用的呆料，应以物品的类别分别考虑破毁、焚毁或掩埋。

4.做好废料处理

（1）废料的申报

对于储存的废料，仓管员首先要填写物料报废申请（表10-7），得到相关部门的批示报告后再进行进一步的处理（表10-8）。

表10-7　物料报废申请

至：物控部
从：仓库

品名	规格	报废申请原因	IQC重检单号	拟处理方式	数量	单价	金额	如变卖预计回收金额	备注
合计									
总经理			厂长			生产部		仓库主管审核	
财务副总经理			技术/开发			品质部		制表人	

废料处理审批报告示例如下。

仓管部：
　　经审核，你部报来的"物料报废申请"所列废料均属报废项目，同意作价处理。处理后的废料变价收入交公司财务部。

总经理（签章）
××××年××月×日

（2）废料的预防

废料产生的三大原因如图10-28所示。

损坏料	边角料	呆滞料
因保管不当，导致物料发霉、腐蚀、生锈等原因，造成物料失去使用价值	在物品的使用过程中，所产生的物料零头，且已经丧失了其主要功能	指物料经过使用或储存过久，致使失去原有的性能或色泽，无法使用

图10-28　废料产生的三大原因

根据废料产生的原因，应采取以下预防方法。

① 加强对仓库中物品的养护工作，防止物品发生虫蛀、霉腐、锈蚀等现象。

② 提高对物料的使用率，尽量少产生边角料。

③ 建立先进先出的物料收发制度，并及时处理呆滞料，从而避免堆积过久而成为陈腐报废的物料。

（3）废料的处理

在规模较小的企业，当废料积累到一定程度时应做出售处理。在规模较大的企业，可将废料集中一处并从事物料解体的工作，将解体后的物料分类处理。

① 废料解体后，其中有许多可移作他用的物料，如胶管、机械零件、电子零件等可以重新利用。

② 废料解体后，其中仍有残料，如钢条、钢片等可做残料利用。

③ 废料解体后，所剩余的废料应小心分类，将钢料、铝、铅、铜、塑胶等适当分类。若可重新回炉，则送工厂再加工。分类后的废料按适当的价格向废品回收机构出售，废料分类可卖得较高的价钱。

④ 处理好后，同时做好档案资料，以备日后查询，其具体格式如表10-8所示。

表 10-8 废料处理清单

物料名称	规格型号	物料状况	报废原因	预计残值/元	实际收入/元	备注

仓管员:

第十一章 仓库出库管理

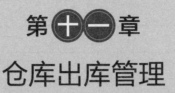

导 读

出库是物资储存阶段的结束,是仓储业务流程的最后阶段,标志着物资实体转移到生产领域或销售市场的开始。它是凭物资出库凭证,通过审单、查账、发货、交接、复合、记账等一系列作业,把储存物资点交给生产部门或代运部门的业务过程。

学习目标

1. 了解物资出库的基本要求、物资出库的原则、物资出库的基本程序。

2. 了解领料制与发料制,掌握备料的控制、仓库发放物料的控制、发放过程中搬运的控制、外协加工物料发放的控制、物料发放常见问题处理、做好登记作业等物料出库业务的操作要求、方法与技巧。

3. 了解成品出库的工作要求、成品出库的形式,掌握成品出库工作流程、出货记录与报告等成品出库业务的操作要求、方法与技巧。

学习指引

序号	学习内容	时间安排	期望目标	未达目标的改善
1	物资出库的基本要求			
2	物资出库的原则			
3	物资出库的基本程序			
4	物料发放出库控制			
5	成品出库控制			

一、物资出库的基本要求

物资出库的基本要求即仓库人员根据正式的凭证和手续，准确、及时地组织好出库工作，具体如图11-1所示。

物资出库必须准确 → 准确是工作质量的一个重要标志，没有准确就没有质量。没有准确，出库工作就变得毫无意义。所谓准确就是按照出库凭证所列的物资编号、品名、规格、质量、等级、单位数量等，准确无误地进行点交，做到单货相符，避免差错

物资出库必须及时 → 发货及时是保证生产建设和人们需要的重要条件。因此，发货时在手续健全的前提下，力求简便、加快速度，及时组织好物资出库作业

物资出库必须安全 → 所谓出库安全，就是在出库搬运点交时注意安全操作，防止物资震坏、摔伤、破损、变形，以保证物资出库时的质量完好

图11-1 物资出库的基本要求

二、物资出库的原则

为避免物资长期在库存放而超过其储存期限或增加自然损耗，必须坚持"先进先出、凭证发货"的原则。物资"收有据、出有凭"是物资收发的重要原则，如图11-2所示。

先进先出
为避免物资长期在库存放而超过其储存期限或增加自然损耗，因此必须坚持"先进先出"的原则

凭证发货
物资"收有据、出有凭"是物资收发的重要原则，所谓凭证发货就是指出库必须凭正式单据和手续，非正式凭证或白条一律不予发放（国家或上级指令的、紧急抢险救灾物资除外）

图11-2 物资出库的原则

三、物资出库的基本程序

物资出库程序即物资出库作业过程。其程序为：审核出库凭证→查账找货位→付货→复核→点交→出库。以下重点介绍三个环节：审核出库凭证、物资出库复核、点交。

（一）审核出库凭证

审核出库凭证：即保管员对用户所持出库凭证（提货单）的审核，主要内容有：
① 付货仓库的名称是否相符；
② 提单式样是否相符；
③ 印鉴（调拨章、财务章）是否齐全；
④ 物资编号、品名、规格、质量、等级或型号、应发数量、单位有无差错、涂改；
⑤ 是否逾期。

以上内容有一项不符，仓库人员有权拒绝发货，待原开证单位更正并盖章后，才可继续发货。

（二）物资出库的复核

物资出库的复核即对出库物资在出库过程中的反复核对，以保证出库物资的数量准确、质量完好、避免差错，其方式如下。
① 个人复核：即由发货保管员自己发货自己复核，并对所发物资的数量和质量负全部责任。
② 相互复核：又称"交叉复核"，即两名发货保管员对对方所发物资进行照单复核，复核后应在对方出库单上签名以与对方共同承担责任。
③ 专职复核：由仓库设置的专职复核员进行复核。
④ 环环复核：即发货过程的各环节，如查账、付货、检斤、开出门证、出库验放、销账等各环节，对所发货物的反复核对。

（三）物资出库的点交

物资出库的点交即保管员将应发物资向用料单位逐项点清交接的过程，应注意如下：
① 凡重量标准的、包装完整的、点件的物资，当场按件数点清交给提货人或承运部门，并随即开具出门凭证，应请提货人在出门凭证上签名；
② 凡应当场过磅计量或检尺换算计量的，按程序和规定检斤、检尺，并将磅码

单抄件、检尺单抄件及出门证一并交提货人，亦应请提货人在原始磅码单及出门证上签名。

四、物料发放出库控制

（一）领料制与发料制

1. 领料制

领料是指由制造部门现场人员在某项产品制造之前填写"领料单"向仓库单位领取物料的作业。物料控制必须从领料开始抓起。企业应根据自己的生产情况确定领料方式。

① 确定各车间各部门领料专人。领料一般由各班组或车间的专门人员（即领料员）负责。较小的企业，有的不设专人领料，而是由班组长或车间主任负责，但应杜绝员工个人领料，因为员工个人领料不便于进行物料数量的控制和物料的协调。

② 规定合适的领料时间。领料员根据生产的实际进度，提前12小时或1~2天，将物料领回并分发到各道用料工序的员工手上。

③ 配置相应的领料工具。对于较大数量的领料，应配有杂工和必要的铲车、叉车、箱子等工具，以便于物料的运输而不致损坏。

④ 明确"领料单"的填写格式和方法。领料应逐个订单地进行，并按照订单的物料计划来填写"领料单"（表11-1），不可多填蒙混过关。需要填写的项目全部都按要求填写，应该填写的项目一个也不能少，尤其是订单编号要填写清楚。

表11-1　领料单

年　月　日　　　　　　　　　　　　　　　No.

制单号	料号	品名	规格	数量	实发数量	备注
主管		发料人			领料人	

第一联：会计　　第二联：仓库　　第三联：生产部　　第四联：领料部门

⑤ 明确物料领用的审批权限和办法。车间的负责人在进行"领料单"审批时要认真负责,看看是否需要填写的项目全部都按要求填写了,应该填写的项目一个也不能少,尤其是订单编号要填写清楚,这是进行物料控制和按单发料的基础。以下为某公司的领料单作业流程,见表11-2。

表11-2 领料单作业流程

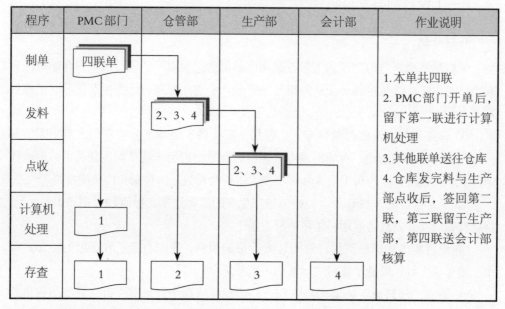

⑥ 确定合适的物料日领用限额及批量限额。领料时间要把握好,过早领料造成车间"物料暂存区"的物料堆积,过迟领料又影响物料的使用。

⑦ 认真对物料进行检验,凡破损的物料一律拒收。

⑧ 要认真点数,防止少领、错领。

⑨ 已经领到车间的物料,要有专门的地方放置及专门人员保管,特别是贵重物品以及体积较小的物品,一旦保管不当就容易造成丢失。有两种方法:一种是统一保管,使用时再分发,这就需要有合适的和足够的地方来放置;另一种是分发给每一个使用者单独保管,这样就免去了统一保管的麻烦,谁保管谁负责。

2. 发料制

发料是指仓库将各种生产所需的物料,按规定数量分配给各用料部门。发料是仓库的日常工作之一,也是进行物料控制的重要环节。

(1) 确定哪些情况应拒绝发料

以下情况应当拒绝发料。

① 不是规定的领料人领料。

② 没有"生产计划单"的领料。

③ 生产还未进行的，过早的领料（囤料）。
④ 应该领用差一级质量的物料，而执意要领较好物料的。
⑤ "领料单"填写不清、不全、不规范的。
⑥ "领料单"没有按有关规定交主管领导审批的。
⑦ 超计划领料的。

（2）建立专人发料制度

专人发料有两个含义：一个是发料要"账物分开"，管账的人不管物，管物的人不管账，以"堵塞漏洞"；另一个含义是不同的物料由不同的人去负责。

每个企业的物料很多，要每个人都去熟悉所有物料是难以做到的，也是没有必要的。仓管员对仓管人员进行合理分工，每个人负责几种或几类物料，有利于更好地进行物料监控。

（3）认真审查"发料单"

仓管员要认真审查"发料单"，不符合要求或不符合程序的不予发料。货仓管理员接收到"发料单"后，首先与BOM核对，有误时应及时通知物控开单人员，直至确认无误后将"发料单"交给货仓物料员发料。

填写规范的"发料单"，不仅是发料的依据，也是进行物料控制的依据，还是进行发料统计以及订单、产品的物料消耗统计的最原始凭证。规范填写"发料单"时要注明所有物料的用途、订单编号等，领料的数量是否在控制指标之内便一目了然，见表11-3。

表11-3 发料单

制造单号：　　　　　　产品名称：　　　　　　编号：
生产批量：　　　　　　产车间：　　　　　　　日期：

物料编号	品名	规格	单位	单机用量	需求数量	标准损耗	实发数量	备注

生产领料员：　　　　　　仓管员：　　　　　　　PMC：

（4）要认真点数，防止错发多发

物料发放最好是两个人一组进行，这样可以互相监督，防止出现差错。

（5）要在"物料管制卡"上记录

物料员点装好物料后，及时在"物料管制卡"上做好相应记录，同时检查一次

"物料管制卡"的记录正确与否,并在"物料管制卡"上签上自己的名字。

(6)做好物料交接

仓管员将物料送往生产备料区与领料员办理交接手续,无误后在"发料单"签上各自的名字,并各自取回相应联单。

(7)认真及时填写仓库账簿

仓管员按"发料单"的实际发出数量及时记入仓库账簿。仓库账簿是进行物料存储控制的基本依据,不能有任何差错,在发料之后要认真登记,物品标签上也同样要进行登记。

(8)做好表单的保存与分发

仓管员将当天有关的单据分类整理好存档或集中分送到相关部门。

(二)领发料管制的程序

领发料是一项日常的标准作业,为了使它顺畅进行,一定要制定标准程序,使基层人员可以遵循实施。领发料管制的程序见图11-3。

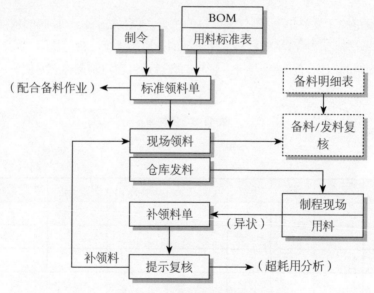

图11-3 领发料管制的程序

(三)备料的控制

1.库存仓储的目的

库存仓储的最主要目的是供应生产所需,无论物资需求计划(Material Requirement Planning,MRP)如何会规划,库存策略如何高明,只要供料不及时而使生产现场停工待料,导致损失工时影响生产,都是未能尽责的表现。

当然,有些停工待料的情况,并不是仓储管理人员工作不当所致。例如紧急插单,根本就来不及购料;或者排程提前,以致供应厂商来不及送料;当然也可能是采购(外协加工)责任人员的疏忽,管理不良,以致到进料的日期物料仍然未送来。

对于仓库,应以现有库存为基础,核查投产的可行性,找出可能的异常情况,及早警示及筹谋对策措施。仓库要好好服务生产现场,使生产准备更为顺利有效率,同时,要趁此时机控制用料成本,替企业进行最后的把关。

2.备料管理的目标指向

(1)复核近期排程所需用料,确定排程可行度,或提示警告信息

生产现场最怕乱,因此,必须事先有排程计划去规范。排程又分为大排程与细排程。前者是MRP计划展开的基准,而后者则为投产的依据。

投产计划由于已经面临真正"生产"的关口,人、机已经准备好,因此生产部更需要保证细排程的可行度。人员、机台由现场主管安排,而物料则由生产部或仓库复查,如果没有缺料,则初步保证排程进度指令可以进行;如果有些物料缺料,则或者再调整排程,或者赶紧寻求对策(包括紧急催料),以行动来弥补缺失。

(2)制令发布的附带保证

一般工厂运用"制造命令单"对各大制程下达作业指令,"制造命令单"大多在投产前几日(或一日)才正式发布给现场,一旦发布,就不会撤回,因为这是正式指令。如果"制造命令单"经常发布又经常撤回,则很容易造成生产现场混乱。

为了使"制造命令单"得到执行,工厂大多同时开出"备料指令"(或称"备料单",有时则以"领料单"替代,以简化手续),指派该批物料的用途。

(3)事先备料的基础

生产前的准备必须尽可能周全,使投产更为顺利,借以减少工时损失,提升整体生产力。

投产的准备,包括作业标准(包括蓝图)、模具、夹导具(日文称为治具),必要时还包括机台制程能力的复查,制程中与质管有关的检验标准与自主检查用的量具,当然也包括所需要的物料。这些物料最好在投产前事先依生产批或"制造命令单"安排妥当,及早送交生产现场(包括送交生产线旁的备料区或者机台旁);或在仓库备料区内等待现场来领料时,能及时地供料。

(4)严密及时地控制用料成本

前面已提到,发料是用料成本管制的最后把关机会,因此许多工厂,都依用料定额去备料、去发料,不会迁就生产现场的"方便"而变成"随便"。如果生产现场因为各种原因而不得不补领料,则需另行制定补领料的程序,借以明确责任,区分原因。

3.备料管理的程序

以上目标指向，可以设定如图11-4的作业程序。

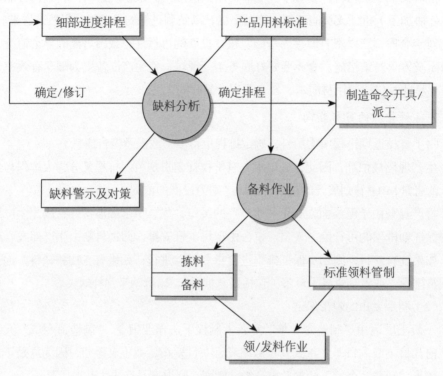

图11-4　备料管理的程序

（1）缺料分析

在工厂里，生产部会制订最近的细部生产计划，也就是"生产进度预定表"，针对一个生产组织或生产线（当然仅指一个大制程），确定次周或第三周（当然也可能是次日）的作业指令，要求现场按指令执行，以达到主生产计划的目的。

生产部一旦制定出这个细排程，就要求依照产品的用料标准（BOM）清单去复算该大制程所需的各批物料总用量，再复核仓库中的现有库存量。如果没有缺料，生产部就确立"生产进度预定表"；如果有缺料情形，就立即发出警示信息，并寻找对策措施。

（2）备料作业

一般的作业程序，是在"生产进度预定表"确立之后，就要由生产部开具"制造命令单"，确定某生产批所属的产品（或产品下属展开的零件）的生产批量，必要时包括投产时间指令，交代现场主管将其挂在派工板上，作为派工的依据。

这时，生产部还要同时依用料标准开立备料指令，要求仓储人员事先拣料，依

"制造命令单"确定用料项目与数量,准备好放置在备料区内,待现场人员来领用,见表11-4。

表11-4 备料指令单

编号:

制程部门: 生产批号: 产品(零件)号:			大制程代号: 制令号码: 单位:			指令日期: 应投产日期: 排程量:		
用料料别	料号	品名	规格	单位	单位用量	应备料量	备注
核准					生产部		

(3)标准领料管制

标准领料即依据用料标准(BOM)去备料、去发料,而不是没有限制地到生产现场来领料。

领料作业一定要有"领料单"作为正式凭证。为了标准化管理,而且达到成本控制的功能,一定要由生产部门作为主控单位,依生产批的"制造命令单"去开立"领料单",又称为"定额领料单",以别于此后因制程问题或其他问题而产生的超损耗等性质的"补领料单"。一旦开立"定额领料单",立即改变了"制造命令单"的管制状态。

这个"定额领料单",交给生产现场主管,由他们持单向仓库领料。当然,如果是采取发料制的工厂,则是仓库连同表单与料品,送交现场给现场人员签收。

4.备料指令与备料作业

备料工作是仓储人员"天经地义"的职责,无论是发料制还是领料制,仓库都要事先备妥各生产批现场需投产的用料,迅速交予现场制程,以提升其生产力。

5.备料时机

最适宜的备料时机如下。

(1)细排程确立时

缺料分析一旦完成,除了"有问题"需待再调整的生产批(制造命令单)之外,应属"排程确立",经过现场主管签署,立即交付派工。

派工制造命令单一旦发布,现场(技术人员)则开始整顿工具、夹导具、模具等工作,而仓库人员则备妥物料。

(2)依派工板的备料指令

较具规模的工厂,其派工作业更为系统化,使用派工板方式进行各项"准备作业指令",仓库人员接到派工指令,则应开始准备物料。

6.备料作业要求

拣料作业,与生产现场的制程质量关系很密切,因此,也要具备品质意识,区分不良料,不可使之流入现场。即使不得已用到不良料或特准品,也要附上标签等标志,提醒现场用料时注意。

拣料后就是直接供应生产所需,因此一定要具备生产管理意识,依生产批及"制造命令单"有系统地存放,必要时分批次地在仓库里放置,使发料时迅速有效率,而且不会混乱。

要具备成本意识,以先进先出观念,先拣取可能会"变质"的物料,以便及早用完,或先取用早入库的物料,及早使用,以免变质。

(四)仓库发放物料的控制

发料是物料移交的过程,这一过程主要应防止发料失误,以及物料移交过程中的划伤磕碰、液体溅出、危险品事故等。关于物料发放的程序与注意事项,在第一点中都已讲到,在此主要讲述物料发放的原则,通过发放原则的遵循,以确保物料的控制。物料发料的原则主要有以下几点。

1.先进先出原则

先进先出原则的目的是为了防止物料因存放时间过长而变质、损坏,以确保物料质量和利用率。

许多物料在常温下都有一定的保质期限,过了保质期会变质,甚至完全不能使用,如金属物料存放的时间太长会氧化;木材、人造板会因潮湿而损坏。

先进先出是对同类、同规格物料而言,不同规格的物料不适用这一原则。比如木材,尽管是同种、同等级,但如果规格不同,先入库的是50毫米厚的木板,要发放的物料是40毫米厚的木板,如果按这一原则把先入库的50毫米厚的木板发放出去,会在加工中造成很大的浪费。

先进先出一般有以下做法。

（1）双区法

同种物料分别存放于两个区，即A区和B区，入库的物料先存放于A区，再进的放于B区。发料时，先发A区物料，发完后再发B区物料，依次反复循环，这样就确保了物料按入库顺序发放。

（2）移区法

移区法会比双区法节省仓储空间，它将某一种物料全部放到同一存储区内，摆放的顺序按照入库的顺序由一端向另一端推移，物料入库的先后就很清楚，发料时就可以先发早入库的。这种做法的不足是每次发料完毕，都要进行物料的移动，增加了工作量。

（3）编号法

编号法是将每一批入库的物料进行编号，编号按自然数顺次进行，不管物料摆放在哪里，每次都按最小数的序号进行发料，这样就可以保证先进先出。使用这种方法时，物料应分层放置或平放，不能使后入库的物料压在先进来的物料上。

（4）重力法

重力法比较适用于一些散装物料的发放，例如水泥、散装塑胶原料等，将物料从上部入库，从下部出库。

2.小料优先原则

产品生产时裁下的边角余料（在皮具业、家具业、制衣业很常见），有些还可以在其他产品的生产中使用。比如家具厂，生产大型衣柜时裁下来的边角余料，还可以在小型的妆凳上使用。仓库在发料时，应将可以使用的小料优先发放出去，然后再发大料。小料不宜长期储存，一方面占用空间；另一方面，一旦没有合适的订单又会造成物料的长期搁置甚至浪费。

3.综合发料原则

综合发料便于用料部门进行物料的综合利用，提高物料的利用率。综合发料有以下几种。

① 不同产品在使用相同物料的时候，将该物料同时发放。

② 同一订单有若干使用同种物料的产品时，该订单的物料同时发放。

③ 不同规格的物料综合发放，以便用料部门用到不同的零部件上。

④ 不同等级的物料综合发放，以便用料部门根据产品的特点，将不同等级的物料用在产品的不同部位。

4.环节最少原则

物料发放的环节越多，就越容易造成物料的损坏和缺失，因此，应将发放环节降到最少，这包括：

① 减少搬动次数；
② 减少参与移交人员的数量；
③ 减少物料移动或转放的地点、位置、车辆、容器；
④ 减小物料移动幅度；
⑤ 减少转运；
⑥ 缩短物料运输路线。

（五）发放过程中搬运的控制

1. 物料搬运的方法

搬运的方法大致可区分为以下几种。

① 人工搬运：全部使用人力，不借用其他方法，此种做法既不安全，又不经济，更浪费体力及时间，在非不得已的情况下应尽量少用。

② 工具搬运：如推车、液压叉车，可大大提高工作效率，并可使厂房整齐、清洁，提升工作士气。

③ 机器搬运：在物料或产品体积过大、搬运距离长、方向固定的情况下，可使用机械方法搬运，如卡车、输送带等，节省人力及时间，提高工作效率。

2. 搬运应注意的事项

搬运应注意的事项主要有：

① 尽量使用工具搬运，提高效率；
② 尽量减少搬运次数，减少搬运时间；
③ 尽量缩短搬运距离，节省人力；
④ 通道不可有障碍物阻碍运输；
⑤ 应注意人身及产品安全；
⑥ 物料、半成品、成品、不良品等应有明确的产品及路径标志，不可因搬运混乱而造成生产混乱。

3. 搬运控制的内容

在生产过程的各个阶段搬运物料时，企业应采取防止损坏物料或使物料不会变质的搬运方法和手段。对搬运的控制可通过编制搬运作业指导书加以有效控制和监督，搬运控制应确保以下几点。

① 在工序间运送或搬运中，对易磕碰的关键部位提供适当的保护（如保护套、防护罩等）。

② 使用与物料特点相适应的容器和运输工具（如托盘、货架、板条箱、集装箱、

叉车、载重汽车等），加强对容器和运输工具的维护保养。

③ 对精密、特殊的物料还要防止震动和受到温度、湿度等环境的影响。

④ 物料搬运过程中需通过环境有污染的地区时，应进行适当的防护。

⑤ 对易燃、易爆等或对人身安全有影响的产品，搬运应有严格的控制程序。

⑥ 对有防震、防压等特殊要求的物料，搬运中要采取专门的防护措施和附上醒目的识别标记，并注意保护有关的标志，防止丢掉或被擦掉。

⑦ 保证正确无误地送到指定的加工、检验点或仓库。

⑧ 对搬运人员要进行培训，使其掌握必需的作业规程和要求。

（六）外协加工物料发放的控制

外协加工与采购作业最大的不同点，就是企业要供料给外协加工厂。这就涉及用料管理的问题，尤其当已方以原料形态交给对方，经过对方的加工，已变成半成品（也可能变成直接投入生产现场的在制品）的形态，这又涉及双方的权利与义务即责任关系，比单纯的采购作业复杂得多了。

1. 外协加工用料管理的理念

（1）外协加工用料是企业的资产

生产用料是资产的一类，可以定义为"半流动资产"，而由企业提供给外协加工厂的物料，是企业付钱买入的，交给外协加工厂可以视为外围的在制品，仍是企业的资产，企业绝对有权利去保有它。外协加工厂受企业之托，也绝对有义务去维护它；即使变成完工品，在还未送到仓库之前，仍是在制的料品，依然在企业的账项之内。

在这一观点下，盘点一定要包括这种外协加工料品。如果有数量上或质量上的损失，理论上外协加工厂都要负责任，企业可以要求外协加工厂赔偿。

（2）外协加工用料是成本项目之一

这与生产现场的领料一样，一旦领用，就列入物料成本项下。为了控制成本，发料时应很细心，应依用料标准去计算用料量，多发少发都不可以。

（3）外协加工用料是投入生产的资源

既然是资源，就要很有效率地利用，不要太早发料，以免积存；当然也不能太晚发料，发得太晚会影响到生产排程。

2. 定额发料管制

外协加工的发料作业，基本上与内部生产制造部门的领发料是完全一样的，主要是由生产部门提出，依照"制造命令单"上的生产批量、产品与制程，找到产品用料清单，计算其标准需用料量，依此资料正式开立"外协加工定额领料单"，见表11-5。

表 11-5　外协加工定额领料单

编号：

厂商代号：					厂商全名：				
发料日期：					外协加工订单号：				
生产批号：					（半成品／零件）料号：				
外协加工批量：									
序号	料别	料号	品名	规格	单位	标准用量	应用总量	实领料量	备注
说明：									
厂商签收		核准		仓库		主管	生产部门	主管	
						发料		填表	

有定额用料量，就可能会有超耗领用量。为严格控制发料，在这种情况下，应该由外协加工厂商通过生产部以人工作业方式开立"外协加工补料单"，再向仓库要求发料，而且其核准权限也要提高层次。

3.外协加工发料的时机

外协加工发料最好是在开立正式的"外协加工定制单"时，就计算其用料需求量，即时开立"外协加工定额领料单"，与备料料品（实物）一并交予外协加工厂商。最理想的状况是，由外协加工厂到我方仓库，双方同时清点所备品。

不过，现实中有些工厂是如此操作的：生产部先发出"外协加工定制单"给外协加工厂做准备，待快要投产时，才由外协加工厂到我方仓库依所备"外协加工定额领料单"来清点领料。有些工厂则考虑外协加工厂的人力状况，由我方送料到外协加工厂点收，同时收回已完工的半成品，这也是很人性化的好方法。

（七）物料发放常见问题处理

1.无单领料

无单领料是指没有正式领料凭证而要求领料，如以"白条"和电话领料，遇到这种情况，仓管员不能发料。

2.凭证问题

发料前验单时，若发现领料凭证有问题，如抬头、印鉴不符，有涂改痕迹，超过了领料有效期，应立即与需用部门联系，并向上级主管反映。备料后复核时发现凭证有问题，仓管员应立即停止发料作业。总之，手续不符，仓管员有权拒绝发料。

3.单料不符

发料之前验单时，若发现提料凭证所列物品与仓库储存的物品不符，一般应将凭证退回开单部门，经更正确认后，再行发料。遇到特殊情况，如某种物品马上要断料，需用部门要求先行发货，然后在更改提料凭证时，经上级主管批准后，可以发料，但应将联系情况详细记录，并在事后及时补办更正手续。若备料后复核时发现所备物品与提单凭证所列不符，应立即调换。

4.包装损坏

对物品外包装有破损、脱钉、松绳的，应整修加固，以保证搬运途中的安全。发现包装内的物品有霉烂、变质等质量问题或数量短缺时，不得以次充好，以盈余补短缺。

5.料未发完

物品发放，原则上是按提料单当天一次发完，如确有困难，不能当日提取完毕，应办理分批提取手续。

6.料已错发

如果发现料已错发，首先应将情况尽快通知需用部门，同时报告上级主管，然后了解物品已发到什么环节或地方，能及时追回的应及时追回；无法追回的，应在需用部门的帮助下，采取措施，尽量挽回损失，然后查明原因，防止日后再出现类似情况。

（八）做好登记作业

物品发放完毕后，仓管员要根据领料单调整库存账目，使账、物、卡重新达到平衡的状态，并编制"物品收发日报"（表11-6），以便为日后的统计工作打下基础。

表11-6　物品收发日报

仓库名称：　　　　　　　　　　　　　统计日期：

品名	前日进货累计	本日进货	进货累计	未进货量	前日出货累计	本日出货	出货累计	库存	退货		备注
									本日	累计	

审核：　　　　　　　　　　　　　　　填表：

五、成品出库管理

（一）成品出库的工作要求

从成品库发出到客户的产品必须是经过OQC检验合格的库存良品，发出时要做好以下事项。

① 确认出库单填写完整、内容正确。
② 确认出库的实物与出库单的内容相一致。
③ 确认出库的产品包装状态完好。
④ 确认出库的运送方式符合要求。
⑤ 按出库的账目记录账簿。

（二）成品出库形式

1. 提货制

提货制是指由收货单位或受委托前来提货的单位，持货主所开的提货单到仓库直接提货。实行提货制的商品的出库交接手续应在仓库内办理完毕。

提货制一般适用于提货单位自备车辆，提货商品量较少，运输距离又较近的商品。

2. 托运制

托运制是指由货主开出提货单，将提货单送到仓库，仓库按单发货，将货物交由物流单位运输的方式。

托运制是较普遍采用的一种发运方式，它适用于距离远、数量大的成品。采用这种方式，应注意加强与运输单位的联系和衔接。

3. 送货制

送货制是仓库根据收货单位的要求，按照提货单所开列的数量，用仓库自备的车辆将成品运往货主所指定的地点，其交接手续在卸货地点进行。

送货制有利于改善仓库人员的服务态度，提高仓库车辆的使用效率，增加仓库收入，方便客户等。

送货制适用于少量成品的发运。

（三）成品出库工作流程

成品出库工作流程如图11-5所示。

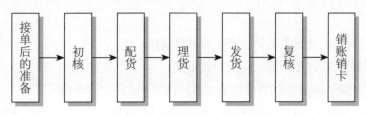

图 11-5　成品出库工作流程

1. 接单后的准备

在通常情况下，仓库调度在成品出库的前一天，接到从外运公司或从其他方面送来的提货单后，应按去向、船名等，分理和复审提货单，及时正确地编制好有关班组的出库任务单、配车吨位单、机械设备单以及提货单等，分别送给仓管员、收发员或理货员等，以便做好出仓准备工作。

当仓管员从调度手中接到出库通知后，应做好以下工作。

① 在进出库业务通知牌上写明隔天出库产品的品名、规格、数量以及产品的货位货号、发往地点等（表11–7），以利于工班的及时配合。

表 11-7　明日出库通知单

明日出库通知
品名：_____
规格：_____
数量：_____
货位货号：_____
发往地点：_____
年　月　日

② 按提货单所写的入库凭证号码，核对好储存凭证（即仓管员的账），根据储存凭证上所列的货位、货号寻找到该批产品货垛，然后将提货单与储存凭证、产品进行核对，确认正确无误后，做好出库标记，以确保单、货相符。

③ 在有理货条件的情况下，可先将出库产品按产品去向，运到理货场地上并理好货，以利于运输车辆一到即能进行装车作业。

2. 初核

审核成品出库凭证，主要审核以下事项。

① 正式出库凭证填写的项目是否齐全，有无印鉴。

② 所列提货单位名称、产品名称、规格、重量、数量、唛头、合约符号等是否

正确。

③ 单上填写字迹是否清楚，有无涂改痕迹。

④ 单据是否超过了规定的提货有效日期。

如发现问题，应立即联系或退请业务部门更正，不允许含糊不清地先行发货。

3. 配货

按出库凭证所列的项目内容，核实并进行配货。

① 属于自提出库的产成品，无论整零，仓管员都要将货配齐，经过复核后，再逐项点付给提货人，当面交接，划清责任。

② 属于送货的产成品，应按分工规定，由保管人员在包装上刷写或粘贴必要的各种发运标志，然后集中到理货场所待运。

4. 理货

① 送货的产成品，无论整件或拼箱的，均须进行理货，集中待运。

② 待运产成品，一般可分公路、航空、铁路等不同的运输方式、路线和收货点。要进行分单（票）集中，便于发货。

③ 待运商品要按配车的要求，清理分堆，以利装运。要按运输工具预约的到库时间，以先后顺序理货，随到随装，不误时间。

5. 发货

运输部门人员持提货单到仓库时，仓管员或收发理货员应逐单一一核对，并点货交给运输人员，以分清责任。

① 当运输车辆到仓库提货时，仓库车辆调度应指明装货的库号和配车情况。

② 当运输车辆到仓库装货时，仓库仓管员或收发理货员应指明装车产品，并在现场监督装车，同时再一次对货单进行核对。对于边发货边装车的产品，还应及时查核余数。

③ 装车时，应指导装车工人轻拿轻放，并按一定顺序装载。完毕后，将发出的产品和有关单据同运输人员办理交接手续，分清责任。

④ 仓管员在产品装车完毕后，应开具随车清单，由运输人员凭随车清单到调度室去调换门票，门卫凭门票放行。放行时，门卫应核对车号、品名、数量，正确无误后方可放行；对于小型仓库，也可由仓管员直接开门票放行。

发货结束，应在随车清单上加盖"发讫"印记，并留据存查。

6. 复核

仓管员发货后，应及时核对产品储存数，同时检查产品的数量、规格等是否与批注的账面结存数相符。随后核对产品的货位量、货卡，如有问题，及时纠正。

7.销账销卡

产品出库工作结束后,仓管员应销账销卡,清点余数。在产品出库工作中必须防止包装破损和受到污染的产品出库(表11-8)。

表11-8 出货台账

日期: _____仓库

编号	名称	规格型号	单位	单价	出库数量	质量等级	销售清单号	交货人	检验人	收货人	储存位置	备注

复核:　　　　　　　　　　　　　　仓库主管:

(四)出货记录与报告

1.出货记录

出货记录是出货责任人完成出货任务的证据。根据出货指令文件仓库已经出了货,但是把货出给谁了?依据在哪里?具体的情况到底怎么样?这就要求有记录。

(1)确认运单

记录之前首先要确认运单,确认内容主要有:

① 运输公司的名称、运号、车号;

② 出货的产品、型号、订单号、批号、数量;

③ 转运地和目的地。

确认时要仔细辨别运单的真伪。

(2)确认装箱数量和包装状态(图11-6)

要确认装箱的数量和包装状态,主要有:

① 产品的流水号;

② 码垛放置的层数与行数;

③ 货与货柜壁之间的间隙;

④ 货物受挤压的程度;

⑤ 是否装满或装载的程度。

(3)确认装箱后锁闭状态(图11-7)

图11-6 确认装箱的数量和包装状态

封柜后对门闩、铅封也要进行检查,确认无误后方可放行

图11-7　装箱后的锁闭状态

这方面主要有:
① 门闩是否已经拴好;
② 铅封的封闭状态是否良好。
(4) 其他需要确认的内容
① 装车的起止时间。
② 必要时,有关运输的保险事务,通关资料的准备情况,相关的经手人、见证人、监督人员姓名等也要记录下来。
(5) 签字、确认
必须要让拉货的司机或运方负责人在该记录上签字、承认。
出货记录的详细格式应制成表单共同使用,其格式如表11-9所示。

表11-9　出货记录

日期:

车牌号:						转运国家/地区:				
货柜号/材积:						转运城市/港口:				
运输公司:						目的国家/地区:				
运单号:			司机姓名:			目的地城市名:				
序号	品名	型号	数量	单位	订单号	包装状态	箱数	货盘数	流水号	备注
进入时间:			开始时间:				完成时间:			
特别事项说明:										

经手人:　　　　　　　批准人:　　　　　　　司机:

2. 出货报告

（1）出货报告的用途

出货报告是仓库完成出货后制定的证实性记录文件。出货报告由仓库主管制定，制成后发放到财务部、市场部、生产部等相关部门使用（图11-8）。出货报告要及时发行，最好是出货的当天内就完成。

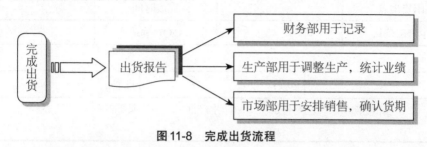

图11-8　完成出货流程

（2）出货报告的内容

出货报告的内容要可以清楚地反映本次出货的详细情况，如出货产品类别、名称、规格、型号，出货产品的批号、批量和数量，完成出货日期，出货地点，承接运输的单位和运输方式，产品出货的目的地。

出货报告是文件，可以用表单的形式表现，数量至少一式四份。

（3）出货报告的保存

出货报告应作为重要记录进行保存，以便达到追溯性、明确责任、统计使用的目的。

出货报告的保存期限一般应是使用的当年再加一个日历年。这个期限是最短的时间，使用中可以更长。

例如，2019年3月的出货报告至少要保存到2020年12月31日。2019年是使用的当年，2020年1～12月是一个日历年。

（4）出货报告的格式

出货报告一般是在公司内部使用的，要使用公司规定的格式，但有些个别的OEM顾客会要求使用他们的格式，从满足顾客要求的角度出发，也可以这样做。以下提供一个格式供参考（表11-10）。

表11-10　出货报告

日期：　　　　　　　　　　　　　　　　　　　　　　　　编号：

序号	品名	型号	批号	订单号	出货数量	箱数	箱号	目的地	集装箱号	承运公司	备注

续表

特别事项说明：					
出货地点			完成时间		
生产部确认			OQC确认		
备考：					
制表：		审核：		批准：	
分发：　□市场部　　□财务部　　□生产部　　□其他部门 签收：					

第十二章 仓库盘点管理

导读

　　仓库盘点是指对库存等进行清点,常用方法有账面盘点法与现货盘点法,常采用盘点机作为工具。其作用是为了发现库存管理中存在的问题,对存在的账面差异及时找出原因,加强仓库库存管理,同时也是为了了解物品的存货水平,库存商品的周转情况,为生产、采购部门及销售部门做出正确的决策提供数据依据。

学习目标

　　1.了解盘点的含义、盘点的目的、盘点的类型,以便能够做出盘点计划。
　　2.掌握盘点的方法、仓库盘点工具、盘点的步骤、盘点管理注意事项,以便能有效地开展盘点活动。

学习指引

序号	学习内容	时间安排	期望目标	未达目标的改善
1	盘点的含义			
2	盘点的目的			
3	盘点的类型			
4	盘点的方法			
5	仓库盘点工具			
6	盘点的步骤			
7	盘点管理注意事项			

一、盘点的含义

盘点是指将仓库内现有物料的存量进行实际清点,以确定库存物料的数量、状况及储位等,使实物与信息记录相符,以提高仓储物料管理的效率,并提供物料仓储管理上正确而完整的资料。

简单地说,盘点就是查核库存物料的实际数量与存量账卡上所记载的数量是否相符,也是一种证实一定期间内储存物料的结存数量是否有误的方法。

二、盘点的目的

盘点是指为确定仓库内或其他场所内现存物料的实际数量,而对物料的现存数量加以清点。物料盘点的目的主要有以下几点。

(一)检查物料与账卡的准确程度

库存物料的种类繁多,长时间不断地收进发出,难免会产生差错,若不实施盘点,就很难发现发生的错误,因此,仓管部门必须设专人或临时编组进行盘点工作,借以随时发现错误,并查明错误原因,以免错误再次发生。

(二)查核物料的耐用程度

物料储存在库内或散居各处,平时因工作繁忙无暇清理,疏漏之处也在所难免,因此,在清点物料时,可以同时查核所放置的物料,如发现确有疏漏之处,必须大力改进,使其恢复原有的状态与性能。

(三)核对物料储存情形

物料领发补退作业频繁,现储位置是否与现在所登记的位置完全相同,可以利用盘点的机会确认其情形,如有不符应立即进行调整。

(四)预防呆废料的发生

检查物料有无长期不用的,若在某一特定时期内,该物料没有任何拨发异动记录即可视为呆料,借着盘点可防止物料过期,另外对废料须做适当处理。

(五)了解物料有无短缺现象

物料短缺是影响生产的一大障碍,实施盘点可提前发现并补救。

（六）揭发舞弊盗窃损失的可能性

对盘点所发现的这些误差，除了进行纠正以外，还必须分析检讨其原因，以便采取必要的各项防范措施，例如加强仓储安全作业等。

（七）显示存货控制的各项缺点所在

如最高存量或最低存量控制不当，就会造成资金冻结积压的损失，或者停工待料的产生，可借盘点察觉并改善。

（八）证实库存物料的正确价值

企业的损益多寡与物料库存有密切的关系，而物料库存金额的正确与否有赖于存量与单价的正确性，因此，为求得损益的正确性，便于成本的计算及作为编制资产负债等报表的依据，必须加以盘点，以明确存料的价值。

（九）可预防误差以减少损失

一般误差的原因，有天然误差与人为误差两种，并可大致区分为八类。
① 登记误差。
② 计算误差。
③ 编号误差。
④ 原装误差。
⑤ 放置误差。
⑥ 点料误差。
⑦ 保养误差。
⑧ 其他误差。
如实施盘点，则可以预防产生误差，进而减少损失。

（十）可纠正误差原因以改善情况

因库存物料难免发生误差，此项误差，如不经盘点，极难发现，所以仓库必须规定定期或不定期盘点，随时发现误差，并查明误差的原因，分别加以纠正。

三、盘点的类型

仓库盘点实际上是一种检查确认，通过盘点，既可以发现操作中的失误，又可以确认工作效果。仓库盘点有封闭式和半封闭式两种：封闭式是指与外界隔离；半封闭式则是与外界局部隔离。按盘点实施的时间，仓库盘点有以下几种类型。

（一）日常盘点

日常盘点是指每日工作结束时进行的账、物确认，其目的是确认一天的工作结果，达到物品收发账目的平衡。日常盘点的工作要素包括以下内容。

① 盘点计划：一般做出规定，不需要单独计划。

② 盘点责任者：仓管员。

③ 盘点内容：仅限当日收、发和搬动的物品。

④ 盘点时间：当日工作结束之后。

⑤ 盘点方法：不限。

⑥ 盘点确认者：仓管员。

⑦ 盘点记录：一般不做要求。

（二）月度盘点

月度盘点是指每月工作结束时进行的账、物检查和确认，其目的是对当月的工作结果进行一次全面检查，以便发现问题，进行纠正。与月度盘点类似的还有周盘点、旬盘点、季度盘点等，它们的区别只不过是盘点周期的长短不同，其性质则基本相同。

1.月度盘点的工作要素

① 盘点计划：按计划进行。

② 盘点责任者：仓管员。

③ 盘点内容：重点是当月的收、发和搬动部分物品，但要全面兼顾。

④ 盘点时间：当月月末适当时间，一般选择夜班进行。

⑤ 盘点方式：封闭与半封闭式均可。

⑥ 盘点确认者：仓库主管。

⑦ 盘点记录：按表单格式记录。

2.月度盘点的工作内容

① 账、物数量的盘查。

② 包装状态的检查。

③ 环境、质量状态的检查。

④ 安全、放置状态的查验。

（三）年度盘点

年度盘点是指每年工作结束时进行的账、物全面检查和确认，其目的是对本年度的工作结果进行一次全面检查，以便发现问题，进行预防和纠正，并为决策提供依据。

1. 年度盘点的工作要素

① 盘点计划：按计划进行。
② 盘点责任者：仓库主管。
③ 盘点内容：当年在库物品的总数目和状态。
④ 盘点时间：当年年底的适当时间，一般选在年末一周内进行。
⑤ 盘点方式：封闭式。
⑥ 盘点确认者：仓库经理。
⑦ 盘点记录：按表单格式记录。

2. 年度盘点的工作内容

① 库存物品总账及数量的盘查。
② 包装状态的检验。
③ 环境、质量状态的检查。
④ 物品安全、存入状态的查验。
⑤ 盘点结果的分析与工作评价。
⑥ 企业工作改进措施的提出。

（四）其他盘点

仓库盘点的类型除上述几种外，在一些特殊情况下也需要进行盘点，比如：停业、整顿、结账等盘点。

这些盘点往往是随工作进行状况而出现的，可以预见但不便于计划，一般需要在企业决策人员的指示下实施。具体情况如下。

① 停业盘点。指终止某项业务时，对该业务关联的物品进行盘点，以便完全消除其存在的影响。
② 整顿盘点。日常工作中因某项业务出了问题，企业为了彻底理清头绪、解决问题而进行的盘点。
③ 结账盘点。某项工作进行过程中当完成一个阶段时，为了给关联人员结账或顺利开展下一步的工作而进行的前期盘点。
④ 突击盘点。一般针对贵重物品进行的突击检查，其目的是为了确保贵重物品的安全。

四、盘点的方法

仓库盘点的方法通常分为定期盘点制、连续盘点制和联合盘点制。其具体内容如图12-1所示。

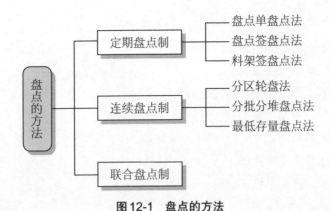

图12-1 盘点的方法

（一）定期盘点制

定期盘点制是选择一个固定时期，将所有物料全面加以盘点。定期盘点必须关闭工厂仓库，进行全面性物料的清点。其优点是对物料、制品的核对十分方便和准确，可减少盘点中的错误。缺点是工厂停产造成损失，并且动员大批员工从事盘点工作。定期盘点制因采用的盘点工具不同，又可分为以下三种。

1.盘点单盘点法

盘点单盘点法是以物料盘点单（表12-1）总记录盘点结果的盘点方法。这种盘点方法在整理列表上十分方便，但在盘点过程中，容易出现漏盘、重盘、错盘的情况。

表12-1 盘点单

_____类				年 月 日					字第 号	
差异理由	（1）计算错误；（2）衡量错误；（3）现品不符；（4）转记错误；（5）漏失；（6）遗失；（7）损耗；（8）度量衡器不良；（9）换算差误；（10）累积磅差；（11）生锈脱落									
物料编号	名称	规格	储存场所	单位	实盘数量	料架签结存数	差异数量	差异原因	单位	金额	备考

审核单位主管： 　　　　　复检人： 　　　　　盘点人：

2.盘点签盘点法

盘点签盘点法是盘点中采用一种特别设计的盘点签（表12-2），盘点后贴在实物上，经复核者复核后撕下。这种方法对于物料的盘点与复盘核对来说既方便又正确，对于紧急用料来说仍可照发，临时进料也可以照收，核账与做报表都很方便。

表12-2　物料盘点签

正面	反面
盘点签　　　No._____ 料号_____ 数量单位_____ - - - - - - - - - - - - - - - - - 　　　　　　　No._____ 料号_____ 说明_____ _____ 已完成的工作_____ _____ 数量_____　单位____ 储存地点_____ 计数人_____ 备注_____	日期 | 计数后收料 | 计算后发料 （空白表格）

3. 料架签盘点法

料架签盘点法是以原有的料架签作为盘点的工具，不必特意设计盘点标签。当盘点计数人员盘点完毕后即将盘点数量填入料架签上，待复核人员复核后如无错误即揭下原有料架签而换上不同颜色的料架签，然后清查部分料架签尚未换下的原因，再依料账顺序排列，进行核账与做报表。

（二）连续盘点制

连续盘点制是将物料逐区逐类连续盘点，或在某类物料达到最低存量时，即机动加以盘点。连续盘点制在盘点时不必关闭工厂与仓库，可减少停工的损失，但必须有专业盘点人员常年划分物料类别，利用其熟练的经验，连续盘点。连续盘点也可分为以下三种方法。

1. 分区轮盘法

分区轮盘法是由专业盘点人员将仓库分为若干区，依序清点物料存量，过一定日期后再周而复始。

2. 分批分堆盘点法

分批分堆盘点法是准备一张某批收料记录签放置于透明塑胶袋内，拴在该批收料的包装件上。一旦发料，即可在记录签上记录并将领料单副本放入该透明塑胶袋内。盘点时对尚未运用的包装件可承认其存量毫无误差，只将动用的存量实际盘点，若不相符，马上查核记录签与领料单，就会一清二楚。

3. 最低存量盘点法

最低存量盘点法是指当库存物料达到最低存量或订购点时，立即通知盘点专业人员清点仓库。盘点后开出对账单，以便查核误差的存在。这种盘点方法对于经常收发的物料相当有用，但对于呆料来说则不适合。

（三）联合盘点制

由于定期盘点制与连续盘点制各有利弊，都无法达到盘点的真正目的，为使盘点更趋完善，所以，采用数种方法联合盘点。如最低存量法和定期盘点制同时实行；分批分堆盘点法与分区盘点法同时采用，只有这样结合运用，才能做到完美无缺。

五、仓库盘点工具

仓库盘点是指对库存等进行清点，常用方法有账面盘点法与现货盘点法，常采用盘点机作为工具。其作用是对仓库的整合、归纳以及对库存的清点。

（一）何谓盘点机

盘点机又称条码数据采集器（Barcode Handheld Terminal）、手持终端、掌上电脑，其具有一体性、机动性、体积小、重量轻、高性能，并适于手持等特点。它是将条码扫描装置与数据终端一体化，带有电池可离线操作的终端电脑设备。具备实时采集、自动存储、即时显示、即时反馈、自动处理、自动传输功能。为现场数据的真实性、有效性、实时性、可用性提供了保证。

在仓储统计时常会需要用到盘点机，它是在仓库内盘点后再与计算机联机输入盘点数量的一种必要工具。当然安装盘点机的必要条件就是数据管理系统要能将产品一览表的数据传进，并且也能接收盘点机上传过来的盘点数据。简单来说就是软硬件要互相配合才能以一种既省时又省力的方式完成整个盘点的作业。

（二）盘点机的种类

盘点机根据使用用途不同，大体上可分为两类：在线式盘点机和便携式盘点机。

1.在线式盘点机

在线式盘点机又可分为台式和连线式,它们大部分直接由交流电源供电,一般是非独立使用的,在采集器与计算机之间由电缆连接传输数据,不能脱机使用。这种扫描器向计算机传输数据的方式一般有两种:一种是键盘仿真;另一种是通过通信口向计算机传输数据。对于前者无须单独供电,其动力由计算机内部引出;后者则需单独供电。因此,在线式条码数据采集终端必须安装在固定的位置,并且需把条码符号拿到扫描器前阅读。目前,一些物流企业在出入库管理中已开始使用。由于在线式条码数据采集终端在使用范围和用途上造成了一些限制,使其不能应用在需要脱机使用的场合,如库存盘点、大件物品的扫描等。为了弥补在线式条码数据采集终端的不足之处,便携式条码数据采集终端应运而生。

2.便携式盘点机

便携式盘点机可由工作人员携带至货品面前进行扫描盘点的盘点机。

(1)便携式盘点机的具体应用

工作人员可以先通过盘点机采集相关数据,然后把采集的数据上传到计算机系统进行集中批量处理。盘点机的主要数据采集方式分为条码扫描和RFID读写,其中RFID盘点机读取距离更远,且一次可读取多个标签,提高了盘点的工作效率。

(2)使用便携式盘点机的优势

① 将标签、条码引入货物管理中,每个商品都有专属于自己的标签或者条码,分门别类,管理井然有序。

② 使用盘点机扫描即可知道商品的名称、已出库数量、剩余数量和所在货架位置,提高工作效率。

③ 可全程跟踪商品的出入库情况,实时掌握库存数据,为仓库补货提供依据,提高企业的竞争力。

④ 工作人员使用盘点机进行扫描,将数据上传至后台数据库,无须纸张记录,使数据更加精准,减少了出错率。

⑤ 不需要专门的清点人员、计算机输入人员,节省了人员成本,进而节省了企业的经营成本。

六、盘点的步骤

(一)盘点准备工作

盘点准备工作有六大项,如图12-2所示。

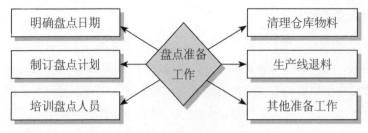

图12-2 盘点准备工作

1. 确定盘点日期

从账物一致的观点来说，盘点的次数是越多越好，但是实施盘点，要消耗一定的人力、物力和财力，有时候还会影响生产的正常进行，所以不能时常盘点。一般物料的盘点每半年或一年进行一次，对于容易损毁、败坏的物料且盘点手续并不复杂的，可酌情增加盘点次数。

为便于正确计算损益以及显示财务状况，盘点最好在财务决算前进行。在淡旺季很明显的行业里，盘点工作应在淡季进行，因为淡季物料的储存量最少，盘点起来容易，而且停工所受的损失较少，调动人手也较方便。

盘点的时间太长，造成极大的浪费，所以，盘点的时间应尽可能缩短。通常利用连续假期在两三日内盘点完成较好。

2. 制订盘点计划

根据仓库管理及生产的需要，企业需要制订一个盘点计划，对库存物品进行盘点。以下是S公司的盘点计划，以供参考。

S公司配件库（2号仓库）3月末盘点计划

盘点时间：2021年3月9日。

地点：配件库各库房。

盘点程序如下。

① 初盘：由配件库自行安排有关人员对本库房物品进行盘点。

② 抽盘：由盘点小组指定专人进行盘点，并核实账、卡记录。

③ 盘点工作总结：由仓管部根据本次盘点情况写出书面总结。

④ 盘点结果分析：由仓管员组织配件库工作人员对本次盘点的仓储状况、安全库存、盈亏结果等进行书面分析。

> 盘点小组负责人：王××、李×、张××、刘××。
>
> 工作人员：万××、敬××、周××、袁××。
>
> 工作要求如下。
>
> ① 各类库存物品的台账、标志卡、物品卡片、盘存单一定要在盘点前登记完成，并由仓管员完成初盘。
>
> ② 各种计时器具、卡量工具和检测仪器仪表，以及盘点登记用的各种表格应准备妥当，以备使用。
>
> ③ 抽盘结束后，应尽快查清盈亏原因，做好盘点工作总结，完成盘点结果分析，上报总部批准。
>
> ④ 将报批后的盘点盈亏结果分析交财务部门。
>
> 盘点领导小组
2021 年 3 月 2 日

3. 培训盘点人员

为使盘点工作顺利进行，每当定期盘点时，必须抽调人手增援。对于从各部门抽调来的人员，必须加以组织、分配，并进行短期的培训，使每一位人员在盘点中都能够彻底了解并担任应尽的责任。

对盘点人员的培训分成两部分：一部分是认识物料的培训；另一部分是盘点方法的培训。

（1）认识物料的培训

对于认识物料的培训，重点在于复盘人员与监盘人员，因为复盘人员与监盘人员多半对物料不太熟。加强复盘人员与监盘人员对物料认识的方法有以下几种。

① 分配易于认识的物料给物料认识不足的复盘人员和监盘人员（如财务、行政人员）。

② 对所分配复盘的物料，加强复盘人员与监盘人员的物料认识培训。

③ 对物料认识不足的复盘人员与监盘人员，每次盘点所分配的物料内容最好相同或相近，不要因每次盘点而变更。

（2）盘点方法的培训

工厂的盘点程序与盘点办法经过会议通过后，即成为公司的制度。参加初盘、复盘、抽盘、监盘的人员必须根据盘点管理程序加以培训，必须对盘点的程序、盘点的方法、盘点使用的表单等整个过程充分了解，这样盘点工作才能得心应手。

4. 清理仓库物料

对于仓库的清理工作，其具体内容如下。

① 厂商所交来的物料尚未办完验收手续的，非属本公司的物料，所有权仍为厂商所有，必须与公司的物料分开，避免混淆，以免盘入自有物料当中。

② 验收完成的物料应即时整理归库。若一时来不及归库，应暂存于验收场所的临时料账上，必须在预定堆置场所的料架签上注明在某处存有物料多少。

③ 仓库关闭之前，必须通知各用料部门预领关闭期间所需物料。

④ 清理仓库，使之井然有序，以便于计数与盘点。

⑤ 将呆料、不良物料、废料预先鉴定，与一般物料划定界限，以便正式盘点时做最后的鉴定。

⑥ 将所有单据、文件、账卡整理就绪，未登账、销账的单据均应结清。

⑦ 仓库的物料管理人员应在正式盘点之前找时间自行盘点，若发现有问题应做必要且适当的处理，以利于正式盘点工作的进行。

5. 生产线退料

配合生产线的盘点工作，生产线的退料工作必须做得相当彻底。在仓库清理之前，必须做好生产线的退料工作。生产线的退料对象包括以下数项。

① 规格不符的物料。

② 超发的物料。

③ 不良的物料。

④ 呆、废料。

⑤ 不良半成品。

生产线退料工作在平时就要进行，如果盘点来临才进行退料工作，工作繁杂而不易进行顺利。生产线退料工作必须进行得十分彻底，生产线所属工作场所（例如生产线上下附近、工作桌抽屉、通风管等）均应彻底退料。

6. 其他准备工作

（1）检定物品料号

若物品与料号不符，即料号与实物不符，则不管点数如何正确，都将会发生错误，甚至会影响到两种物品的正确性。因此，在盘点前，应由仓管员或有经验的人员组队到盘点区域，先抽样检查物品与料号的准确程度。若发现错误，应立即加以修正。

（2）校正度量仪器

除了可以计数的物品外，磅秤是计量性物品盘点的重要工具，因此，磅秤的精确与否至关重要。现场盘点常用的磅秤有地磅、台秤、弹簧秤等数种。按过磅物品的轻重决定适当的规格和秤重；注意磅秤的归零；秤锤的取用要配合秤台的规格，以免错误；磅秤平时维护保养和正确使用都会影响盘点的精确性。

（3）停止进料供应

盘点期间或盘点前若干日，除急用物品外，一般都不要再收货进库，以确保库房的物品有序及易于盘点，因而，在盘点前以正式信函通知所有供应商配合规定，除急用物品外，暂停送货。

（4）储备足够原料

该项准备工作主要是针对制造型企业而言。盘点之前，先预估盘点时间，通知各生产部门储备盘点进行期间足够的原料，以免发生停工待料的情形。

（5）准备盘点工具

准备盘点时使用的计量用具及盘点票、盘点记录表和盘点盈亏表等单据。

（二）盘点实施

1. 盘点原则

对于现场盘点应遵循如图12-3所示三大原则。

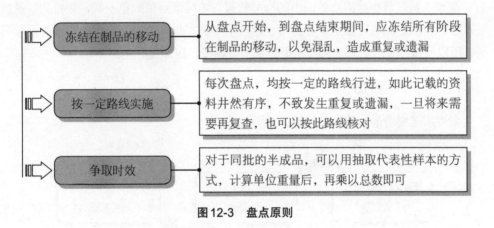

图12-3　盘点原则

2. 盘点分工

（1）划分区域

将仓库分成几个区域，并确保各区之间不重合、不留有空白。

（2）人员分配

划分完区域后，应将盘点人员分成几个组，每组负责一个区域。分组时，应该注意将专业人员与非专业人员进行搭配组合，以提高盘点效率。

3. 数量清点

盘点人员依据分工，按顺序对负责区域内的物品进行点数。根据库存物品的计量单位不同，应该采用不同的计数方法。

（1）计件物品

以件（箱、捆、包）为单位的物品先清点件数，再换算成计账单位与账、卡核对。此时要特别注意包装容量不同的物品，要分别清点，以免造成盘点错误。

（2）计重物品

对于有标准重量的物品，只要件数相符，即可作为账货相符处理。对于无标准重量的物品或散件物品，原垛未动的，可复核原磅码单，原磅码单无误即可做账货相符处理。原垛已动的，存量较大，可进行理论换算，如无较大短缺迹象，暂做账货相符，待出清后按实结算，零头尾数有疑问的应过磅计量，如不超过规定损耗率，做账货相符；如超过规定损耗率，做不符处理。

（3）计尺物品

包装容量一致的计尺物品，以件为单位计数；包装容量不一致的计尺物品，必须逐件核对原磅码单。

4.填写单据

盘点人员应该根据清点后得出的物品数量，填写盘点单的第一联，并将此联悬挂在对应的物品上。填写盘点单时，由于盘点单中的"盘点单号"为预先印刷的连续号码，所以应按照顺序填写。填写错误时也不得撕毁，应保留并上交。

（三）盘点后的统计分析

盘点后还要做最后的统计分析，如图12-4所示。

图12-4　盘点后的统计分析

1.使用盘点单统计存货数量

盘点后即根据盘点单（表12-3）统计存货数量，故盘点单上确实记录盘点状况，是确保盘点正确性的唯一方法。

盘点单内容及用途说明如下。

① 仓位区域号：借以判定所有仓位均已盘点。

② 仓位编号：每一仓位区域中所有仓位均事先填妥，确保每一仓位编号均已盘点。同一仓位编号中有两项以上物料的，均须记录。

表12-3 盘点记录单

仓位编号	料号	账上存量	包装单位	量/单位	数量	实际存货数量	待整理	不良品	废料	包装破损	备注	抽验数量

仓位区域号：　　　　　　　　仓位地点：　　　　　　　　盘点日期：

工作说明：　　　　　　　抽验人：　　　　　　　盘点人：

③ 包装单位：盘点所使用包装单位，如箱、盒、个、千克等。

④ 数量：与包装单位对应，如10箱、10盒等。

⑤ 量/单位：每一盘点单位的实际存货量，如10盒/箱。

⑥ 账上存量：提醒盘点人，若实际盘存量与此数值差异过大，须谨慎盘点。

⑦ 实际存货数量：实际存货数量＝数量×单位×（量／单位）。

⑧ 待整理、不良品、废料、包装破损等内容供仓储部门作为处理该类物料的依据。

2. 运用计算机统计分析盘点单

上述盘点记录单，运用计算机统计分析，可以增加盘点的正确性。现说明如下。

① 以计算机打印出各仓位区域号中所有仓位编号的盘点记录单，以免遗漏。

② 盘点后将盘点单输入计算机，说明如下。

a.确定仓位区域号没有遗漏，表示盘点单无遗漏。

b.防止仓位编号及料号输入错误。若以自黏性条形码贴在仓位编号处，以扫描方式输入，可以避免输入错误。

c.盘点单位、存货量／单位由计算机控制，减少填写错误的概率。

d.实际存货数量由计算机计算，减少计算错误的概率。

e.根据料号统计存货量，减少计算错误概率。

f.根据废料、不良品等资料统计各种状况的数量。

3. 将统计分析结果填写相应表单

根据盘点记录单统计后可得盘点差异报告，说明如下。

① 盘点差异分析表（表12-4）。

表12-4 盘点差异分析

盘点日期： 年 月 日

物料编号	仓位号码	单位	原有数量	实盘数量	差异数量	差异/%	单价	金额	差异原因	累计盘盈亏数量	累计盘盈亏金额	建议处理对策
							合计			合计		

a. 各项物料的盘盈、盘亏数量、金额、总金额及差异率。

b. 全部累计盘盈、盘亏总金额。

c. 差异原因及处理对策。

② 呆料统计表。

③ 废料报告表。

④ 待整理物料报告表。

⑤ 盘点异动报告表（表12-5）。

表12-5 盘点异动报告

制表日期： 页数： 总累计盘盈（亏）金额：

盘点日期	物料编号	名称	盘盈数量	盘亏数量	盘盈（亏）金额	盘点前库存	盘点后库存	累计盘盈亏数量	单价	累计盘盈亏金额

（四）盘点差异的分析与处理

1. 盘点差异确定

盘点过程中，如发现账物不符的现象，应积极寻找产生账物差异的原因，同时做好预防及修补改善工作，防止差异的再次发生。

盘点所得资料与账目核对结果，如发现账物不符的现象，则应积极寻找产生账物差异的原因。差异原因的追查可从下列数项着手进行。

① 账物不一致是否确实，有否因料账处理制度有缺点而造成料账无法确实表达物料数目的情况。

② 盘盈、盘亏是否由于料账员素质过低、记账错误或进料、发料的原始单据丢失造成料账不符。

③ 盘点人员是否不慎多盘或将分置数处的物料未细心盘点，或盘点人员事先培训工作不彻底而造成错误的现象。

④ 对盘点的原委加以检查，盘盈、盘亏是否由于盘点制度的缺陷所造成的。

⑤ 盘点与料账的差异是否在允许范围之内。

⑥ 发现盘盈、盘亏的原因，看今后是否可以事先设法预防或能否缓和账物差异的程度。

2. 盘点原因分析

盘点差异产生的原因是多方面的，常见的有以下几种，如表12-6所示。

表12-6 盘点差异原因

序号	错误类别	表现形式
1	账目错误	（1）登记账上错误 （2）数量计算错误 （3）漏账登记，造成或亏或盈 （4）对于大小物料的数量统计，在登记时发生笔误
2	储存作业错误	（1）接收及拨发物品时点交错误 （2）接收时未按规定开箱检验，事后才发现原装箱的数量超出或减少 （3）储存的过程中原挂签损坏或遗失，导致物品名称及料号等资料无法鉴定，很可能与其他相接近物品混淆 （4）编号错误
3	物品本身情况发生变化	（1）原装箱物品在拨发时，发现情况改变 （2）保管不良，遇到物品恶化、遗失或意外损坏 （3）接收物品时，检验人员对于物品的规范鉴别错误 （4）基于需要，物品类别变更，装配或拆为零件
4	盘点方法有欠正确	如存在重盘、漏盘、误盘等

3. 盘盈、盘亏的处理

物料一经盘点并将盘盈、盘亏的原因查清之后，企业应做适当调整与处理。除物料数量的盘盈、盘亏之外，有时因物料存放过久，物料品质受影响而形成呆料、不良品、报废品，物料自然也就随之减价，这种减价也应该与盘亏一并处理。

物料盘盈、盘亏与价格的增减，必须由上级主管认定后，填具物料盘点数量盈亏及价格增减更正表（表12-7），作为改正账簿记录的依据。

表12-7 物料盘点数量盈亏及价格增减更正

年　月　日

物料编号	单位	账面			实存			数量				价格				差异原因	责任归属	备注
								盘盈		盘亏		增价		减价				
		数量	单价	金额	数量	单价	金额	数量	金额	数量	金额	单价	金额	单价	金额			

（五）盘点后的处理

盘点后对发现的问题应采取措施加以改善，以预防同类问题的再次发生。

1. 修补改善工作

① 依据管理绩效，对分管人员进行奖惩。

② 料账、物料管制卡的账面纠正。

③ 不足料迅速办理订购。

④ 呆、废料迅速处理。

⑤ 加强整理、整顿、清扫、清洁工作。

2. 预防工作

① 呆料比率过重，应设法研究，致力于降低呆废料。

② 存货周转率极低，存料金额过大造成财务负担过大时，应设法降低库存量。

③ 物料供应不继率过大时，设法强化物料计划与库存管理以及采购的配合。

④ 料架、仓储、物料存放地点足以影响到物料管理绩效，应设法改进。

⑤ 成品成本中物料成本比率过大时，应予以探讨采购价格偏高的原因，设法降低采购价格或设法寻找廉价的代用品。

⑥ 物料盘点工作完成以后，所发生差额、错误、变质、呆滞、盈亏、损耗等结果，应分别予以处理，并防止以后再发生。盘点结果处理如表12-27所示。

表12-8 盘点结果处理

序号	结果	处理方法
1	差异	凡存料超过最高存量，或不及最低存量，应予记录并会同各有关部门检讨改进
2	错误	所发现的错误，应在盘点时当场予以纠正
3	变质	应详查变质原因，必要时应会同检验部门复验，损坏的应在发现时立即处理，以防损害扩大，如不能利用的，即拨交呆废料处理
4	盘盈或盘亏	审查确定后，进行账户调整，并更正各有关材料账卡
5	耗损	发生的耗损参考以往记录与经验，予以核定后调整出账

七、盘点管理注意事项

盘点的目的是为了确保存货数量的正确性，以利于产销活动的顺利进行，有些企业每次盘点出来的结果造成大量盘盈或盘亏，反而不利于产销活动。如果工作人员确实遵守盘点注意事项，将可以使盘点误差减至最少。所以，仓库人员在盘点时应注意以下事项。

① 每一物料都有固定仓位，不得随便存放，一定要归位。物品没归位而任意放置，是造成盘点不准确的主要原因。

② 设立仓位编号关联图，以免遗漏盘点。物品所存放仓位若已满载，则可存放于下一个仓位。仓位关联图可使物品顺利归位及盘点，若无关联图或未依仓位归位，往往会造成漏盘。

③ 决定物品储存方法时须考虑盘点时的方便性。储存物品的包装方式能够标准化，即可提高盘点的方便性。比如每一包装规格相同时，其包装数量也相等。物品储放时，须依规定摆放方式归位，以免盘点时计算错误，如每层放几箱，每一仓位堆放几层均需有规定，并依规定存放。

④ 无法计算数量的物品以重量盘点，通过计算机自动换算数量。一些小型零配件无法计算数量，则以称重方式输入计算机即可换算数量。对已拆封的塑料布可以称

重方式由计算机自动换算数量，因此必须定期校正量秤。

⑤ 事先预估盘点所需人力，盘点人力不足，盘点时间又不足，易造成盘点的不确实性。

⑥ 确立盘点基准日，避免重复计算或遗漏计算盘点基准日的前一日。已入库物品的数量须同时已计入存货账；已入存货账的物品须确定也已经入库存放，否则均造成重复或遗漏计算。

⑦ 盘点人力不足时，应采取分类分批盘点。

⑧ 盘盈亏数量差异大的，须进行复盘。特别需要注意由于物品未归位所造成的盘亏。

⑨ 更正盘盈亏数量须经高层主管签名确认。将盘盈亏数量以成本转换成金额，供主管签名参考。

⑩ 每次盘盈亏记录须具连续性，并计算累计盘盈亏数量。若原物料有完整的领退料记录，且输入计算机货账的数字要准确，且该项物料也无遗失，盘盈亏数量仅是盘点人盘点得准确与否而已，并不会造成真正的盘亏。所以累计盘盈亏数将会自动冲抵。若累计盘亏数不断增加，主要原因可能是物料或成品不断遗失，这是企业管理上的最大漏洞。另外可能是生产线有超耗现象，但仓储部门未严格执行补领料记录。还可能是计算原始资料的误差。有了累计盘盈亏数才能追查差异原因，否则随时以盘点数更正存货数，只是造成更多作业上的困扰。例如A产品第一次盘亏200个，第二次盘盈100个，第三次盘亏200个，则总累计盘亏为300个。也就是最后一次盘点数量加上300，才是原来账面上的存货数量。

⑪ 盘点出废料时应报请主管处理。

⑫ 两人以上同时盘点同一物品，当盘点数量不符，且无法进行复盘时，应以较低的数量为盘点量。

第十三章 仓库安全管理

导 读

　　仓库安全管理就是针对物品在仓储环节的安全管理措施。为了保证仓库安全管理及正常化，保障员工的身体健康和库内物资的安全，企业需做好仓库的防火安全工作（禁止烟火、电火、明火等），做好伤害事故的预防工作（砸伤、碰伤、搬运过程的伤害等），做好防盗工作。

学习目标

　　1. 了解仓库意外事故原因，以便有针对性地采取措施。
　　2. 掌握库区安全管理、仓库安全作业管理、仓库消防管理、物品安全管理、仓库防盗管理等措施、操作要领和方法。

学习指引

序号	学习内容	时间安排	期望目标	未达目标的改善
1	仓库意外事故原因			
2	库区安全管理			
3	仓库安全作业管理			
4	仓库消防管理			
5	物品安全管理			
6	仓库防盗管理			

一、仓库意外事故原因

仓库一旦发生意外,关系到人员的安全及财物的损失,因此,仓库安全的预防及维护,应特别予以重视。仓库意外事故发生的原因主要有以下几点。

① 不安全的工作环境。
② 不安全的作业方式。
③ 堆放方法错误。
④ 超量存放。
⑤ 警戒与防护不当。
⑥ 其他原因,如运输作业不当。

二、库区安全管理

(一)库房的安全管理

仓管员应经常检查库房结构情况,对于地面裂缝、地基沉陷、结构损坏,以及周围山体滑坡、塌方,或防水防潮层破损和排水沟堵塞等情况应及时维修和排除。

库房钥匙应集中存放在仓库控制区门卫值班室,实行业务处、门卫值班和仓管员三方控制。仓管员领取钥匙时要办理手续,下班后即交回注销。对于存放易燃易爆、贵重物品的库房要严格执行两人分别掌管钥匙和两人同时进库的规定。有条件的库房,应安装安全监控装置,并认真使用和管理。

(二)仓库电气设备安全

仓库电气设备安全要达到以下要求。

① 各种用电系统的设计、用电装置的选择和安装,都必须符合相关的技术规范或规程。
② 经常检查电气线路有无破损、漏电现象,电线是否有年久失修现象。
③ 电源开关安装的位置离地面应大于1.5米,灯泡离地面应大于2米,与可燃物间的距离应大于0.5米。灯泡正下方,不准堆放可燃物。
④ 仓库内的灯泡严禁用纸、布或其他可燃物遮挡。仓库内可使用60瓦以下灯泡,不准用日光灯及60瓦以上的灯泡,最好用防爆灯。
⑤ 库房内禁止使用电炉等电热器具,不准私拉乱接电线。
⑥ 库房内不准设置移动式照明灯具,必须使用时需报消防部门批准,并有安全保护措施。
⑦ 库房内敷设的配电线路,需穿金属管或用非燃性硬塑料管保护。

⑧ 库房内不准使用电炉、电烙铁、电熨斗、电热杯等电热器具和电视机、电冰箱等家电用品。对使用电刨、电焊、电锯、各种车床的部门要严格管理，必须制定安全操作规程和管理制度，并报消防部门批准，否则不得使用。

⑨ 仓库电气设备的周围和架空线路的下方，严禁堆放物品。对输送机、升降机、吊车、叉车等机械设备易产生火花的部位和电机、开关等受潮后易出现短路的部位要设置防护罩。

⑩ 仓库必须按照国家有关防雷规定设置防雷装置，并定期检测，保证有效。对影响防雷装置效应的高大树木和障碍，要按规定及时清理。

（三）运用颜色管理

在仓库中运用颜色管理是防止人员和物料发生意外的有效措施之一，企业在平时就应培训仓管员了解各项安全法则及各种颜色的意义。

① 红色标志具有警告及禁止的含义，如所有危险标记，装有危险品的容器及禁止烟火等，都漆以红色标志。

② 黄色具有特别注意的含义。

③ 绿色有指导安全的含义。

④ 白色或黑色相间的斜色，用以指示目标物。

⑤ 紫色指物品有放射性危险等。

三、仓库安全作业管理

仓库安全作业管理是指在物品进出仓库装卸、搬运、储存、保管过程中，为了防止和消除伤亡事故，保障员工安全和减轻繁重的体力劳动而采取的措施，它直接关系到员工的人身安全和生产安全，也关系到仓库的劳动生产率能否提高等重要问题。为此要做好以下几方面的工作。

（一）树立安全作业意识

为使仓库能安全地进行作业，树立安全作业意识是非常重要的。为此，企业应定期对仓管员进行安全作业方面的培训，使仓管员从思想上重视安全作业。

（二）提高员工的操作技能

企业可通过提高仓储设备的技术水平，减少手动直接装卸、搬运，更多地采用机械设备和自动控制装置，以提高作业的安全性，有效地降低事故的发生率。因此，企业要对仓管员开展岗位培训和定期技能考核，这样既能提高企业的生产效率，又能提高自身劳动的安全。

（三）认真执行安全规程

仓库作业的安全操作规程，是经过实践检验、能有效减少事故发生的规范化的作业操作方法，因此，仓管员应严格执行操作规程，并对不按照安全操作规程的行为进行及时且严厉的阻止。

以下提供某公司仓管员安全操作规程范例供参考。

仓管员安全操作规程

一、目的

为了规范仓管员的操作，以免发生人身伤害事故，特制定本规程。

二、适用范围

适用于有仓管员岗位的操作仓间或作业场所。

三、操作规程

1. 一般仓库员工安全管理规程

（1）大小物体分类摆放，平稳整齐，高度适当，精密仪器单独妥善保管。

（2）仓库内道路畅通无阻，无污物，搬运物件拿牢放稳，相互配合，严禁烟火。

（3）货架物件与屋顶墙壁灯和屋柱货垛之间不得少于0.5米，堆放不准超高，通风良好。

（4）采用机械搬运时应遵守机械搬运操作规程。

2. 油料保管安全管理规程

（1）严禁烟火，无关人员禁止入内。

（2）仓库围墙30米内禁止烟火，库内消防器具摆放位置明确，工作人员必须熟悉灭火知识，库内必须通风良好。

（3）库内所有电气、照明应按规范采用防爆型，夜间值班备有手电筒。

（4）开启罐桶，严禁用铁制工具，以防产生火花。机动车辆进入油库区应配防火帽。

（5）严禁使用漏罐、漏桶装油，保持地面无油。

（6）预警系统定期检查，确保有效。

（7）油料按类存放，标志明显。

（8）经常保持环境清洁，库内不准有引火物。

3.地下油品保管安全管理规程

（1）严禁烟火，无关人员禁止入内，工作环境整洁，无引火物，机动车辆进入库区，应配防火帽。

（2）所有电气、照明都应按设计规范采用防爆型，夜间值班备有手电筒。

（3）加油设备专人保管，操作时要精力集中，不得麻痹大意。

（4）交接班时，必须认真检查油库的各部位，包括油门、气动阀门、油柜、气包、管路是否漏油漏气，发现问题及时解决，做好检查记录。

（5）工作前，检查安全阀、气压表是否准确，不准超规定负荷。

（6）下班时要将各部位油门气阀关紧，检查无异常后，方可离开工作岗位。

（7）油库工作人员必须坚守岗位，不准吸烟、饮酒，不准穿带钉鞋。

4.剧毒品保管安全管理规程

（1）工作人员必须熟知有毒物品的性质和存放、收发、搬运、临时解毒知识。

（2）库房必须严密无缝，门窗应牢固。

（3）库房通风设备经常保持良好状态，开库前必须先启动通风设备，出库后关闭风机电源。

（4）库房应严格控制出入人员，无关人员禁止入内，库内禁止抽烟、饮食。

（5）收发保管账目应清楚，账物必须相符，领用审批手续应健全，不得涂改。

（6）严格执行双人双发、双人领料、双本账、双锁、双人保管的"五双"制度。

（7）盛过有毒物品的物件，不用时应及时收回，统一处理，不得乱放。

（8）作业人员必须按规定穿用防护用品，确保安全发放，摸过有毒物品后必须洗手。

（9）消防器材设备要放在明显位置，作业人员要懂得灭火知识。

（10）经常保持库房内外环境整洁卫生。

5.气瓶保管安全管理规程

（1）氢、氧气库门前应挂有"严禁烟火"及"严禁油脂烟火"字样的危险警告标志牌。

（2）氧气库房不得存放油脂和棉纱，身上沾有油污人员，禁止进入氧气库，充了气的气瓶储存时应符合下列要求。

① 放置整齐，并留有适当宽度的通道。

② 直立放置，并设有栏杆或支架固定，以防止跌倒，不能立放的气瓶可以卧放，但必须使之固定，防止滚动，头部朝向一方，堆放高度不应超过五层。

③ 安全帽必须配置齐全。

④ 远离热源，防止暴晒。

（3）盛装有毒气体的气瓶，应单独储存在室内，并设有专用的防毒设置。

（4）盛装互相接触后易引起燃烧、爆炸的气体的气瓶必须单独分库储存。

（5）储存氧气、可燃性气体气瓶的仓库或临时仓库，周围10米以内禁止堆放易燃物品和使用明火。

（6）气瓶库房应有适当种类和数量的消防用具。

6. 化学易燃品保管安全管理规程

（1）无关人员禁止入库，因公入库人员严禁携带打火机、火柴等易燃物品。

（2）库区严禁烟火并保持整洁，库房周围10米内无杂草。

（3）因公进入化学易燃品库的人员，必须先登记后才能入库，岗位人员认真做好日查记录，发现安全隐患，及时报告有关领导，并及时采取措施。

（4）剧毒品、放射性物品按有关规定及化工技术要求执行。

（5）保管人员必须熟悉所管化工材料的性能，并了解发生事故的条件及预防办法。

（6）化学易燃品要分类定量存放，严格管理，防止自行分解和互相反应发生火灾、爆炸及中毒事故。

（7）为保障人身安全，不准食用生产用化学材料（如酒精、碱面、糖精等）。

（8）易燃品的容器包装应牢固，发现破漏应立即更换。

（9）库内保持通风良好，温、湿度符合要求，要有避光、防冻、防热等措施，电气照明应防爆。

（10）库房设有足够的消防器材，保证完备有效，保管人员应熟悉消防器材的使用方法，做到"三懂三会"，库内应留有通道。

7. 木料保管安全管理规程

（1）无关人员禁止入库，因公入库人员登记后才能入库，严禁携带任何易燃品。

（2）库区严禁烟火，保持整洁，无其他易燃物品和杂草。

（3）保管人员必须熟悉所管木材的性能，并了解发生事故的条件及预防办法。

（4）木材进库按规格分类，码垛存放，要有防护措施，不得雨淋、日晒。

（5）库内严禁存放腐蚀木材的材料（如酸、碱等）。

（6）库内保持通风良好，做好日查记录。

（7）经常检查消防器材，保证完备有效，保管人员应熟悉消防器材的使用方法，并做到"三懂三会"。

> 8.废品保管安全操作管理规程
> （1）库房保持通风良好，严禁烟火，消防器材放在明显位置，保管人员应懂得灭火知识。
> （2）在收发搬运过程中，要拿稳放妥，勿使物件落下伤人。
> （3）各种物品堆放平稳牢固，整齐有序，便于取放，库区内保持道路畅通。
> （4）工作人员熟悉废旧物品存放、保管处理知识，经常保持库内外环境整洁卫生。

四、仓库消防管理

（一）仓库中的常见火险隐患

仓库中的常见火险隐患如下。

（1）电气设备方面

① 电焊、气焊违章作业，没有消防措施。

② 用电超负荷。

③ 违章使用电炉、电烙铁、电热器等。

④ 使用不符合规格的熔丝和电线。

⑤ 电线陈旧，绝缘破裂。

（2）储存方面

① 不执行分区分类，易燃易爆等危险品存入一般库房。

② 储存场所温、湿度超过物品规定极限。

③ 库区内的灯具不符合要求。

④ 易燃液体挥发渗漏。

⑤ 可自燃物品堆码过实，通风散热散潮不好。

（3）机具方面

① 无防护罩的汽车、叉车、吊车进入库区或库房。

② 使用易产生火花的工具。

③ 库内停放、修理汽车。

④ 用汽油擦洗零部件。

⑤ 叉车内部皮线破漏、油管老化漏油。

（4）火种管理方面

① 外来火种和易燃品因检查不严带入库区。

② 在库区吸烟。
③ 在库区内擅自使用明火。
④ 炉火设置不当或管理不严。
⑤ 易燃物未及时清理。

(二) 火灾的预防措施

1. 仓库防火措施（图13-1）

① 健全防火组织和消防制度。各个库房、料棚和货场要有专人负责消防。

② 灭火设施要齐备。灭火器、水源和消防沙包要随时处于良好的使用状态。

③ 定期对全体职工进行消防培训。人人熟悉消防知识和灭火工具的使用方法。

④ 库内严禁使用明火。

⑤ 经常检查库内的电气设备和线路，并及时维修。

图13-1 禁止烟火

2. 库存危险品防火要点

① 防止明火引起的火灾：禁止把火种带入库区，严禁在库区、货区吸烟。当焊接金属容器时，必须在库房外指定的安全地带操作。

② 防止摩擦和冲击引起的火灾：在搬运装有易燃、易爆危险品的金属容器时，严禁滚、摔或拖拉，以防止商品之间的相互撞击、摩擦产生火花；同时也不得使用能够产生火花的工具开启容器；进入库房内的任何工作人员，都不能穿带铁钉的鞋，以防铁钉与地面摩擦产生的火花。

③ 防止电气设备引起的火灾：使用的电瓶车、电动吊车、电动叉车和其他电气设备装卸和搬运易燃、易爆的危险品时，必须采用防爆式，并在工作结束后，立即切断电源。

④ 防止化学能引起的火灾：浸油的纱布、抹布等不得放置在库房内，以防止自燃。

⑤ 防止日光聚集引起的火灾：用玻璃容器盛装的可燃、易燃液体，在露天搬运和储放时，应防止太阳聚光而引起的燃烧；易燃、易爆物品的库房窗玻璃应涂以浅色油漆，防止日光照射物品；装有压缩或液化气体的钢瓶、低沸点的易燃液体的铁桶容器、易燃易爆的物品以及受热容易蒸发气化的物品，都不得暴晒在阳光下。

(三) 仓库消防器材设置

仓管员平时应组织所有员工成立消防组织，配备各类消防器具，定期进行救护培训与演习。

1.灭火器

（1）灭火器的配置

① 灭火器配置数量。仓库配置灭火器时，应按每100平方米一个计算，每间库房不得少于两个。

② 灭火器存放位置。灭火器应悬挂在仓库外面的墙上，离地面高度不超过1.5米，并要远离取暖设备和防止阳光直射。灭火器可存放于灭火器箱内，起到被保护和美观的作用。

③ 灭火器配置种类。只有不同的场所配置不同的灭火器，才能发挥灭火器最大的灭火效能和经济效益。不同场所选用灭火器配置种类如表13-1所示。

表13-1 不同场所选用灭火器配置种类

序号	场所	灭火器配置种类
1	精密仪器和贵重设备场所	灭火剂的残渍会损坏设备，忌用水和干粉灭火剂，应选用气体灭火器
2	贵重书籍和档案资料场所	为了避免水渍损失，忌用水灭火，应选用干粉灭火器或气体灭火器
3	电气设备场所	因热胀冷缩可能引起设备破裂，忌用水灭火，应选用绝缘性能较好的气体灭火器或干粉灭火器
4	高温设备场所	因热胀冷缩可能引起设备破裂，忌用水灭火，应选用干粉灭火器或气体灭火器
5	化学危险物品场所	有些灭火剂可能与某些化学物品起化学反应，有导致火灾扩大的可能，应选用与化学物品不起化学反应的灭火器
6	可燃气体场所	有可能出现气体泄漏火灾，应选用灭火效果较好的干粉、二氧化碳等灭火器

（2）灭火器的检查保养

① 半年检查一次灭火器，1~2年更换一次灭火器。

② 灭火器的喷嘴要保持经常疏通，或套以纸罩，以防尘土、污物的堵塞，大型灭火器的皮管要经常检查，以防止昆虫和污物的侵入。

③ 放置在露天的灭火器应避免暴晒、雨淋，灭火器不能放在高温的地方，以防止灭火剂和水分的自然蒸发。

④ 为防止灭火器内结冰，当气温低于5摄氏度时，应用棉絮或其他保暖材料覆盖，但要露出喷嘴。

（3）灭火器的报废年限

灭火器是有使用期的，超出使用期失去效果的灭火器没有灭火作用。从出厂日期算起，达到如下年限的必须报废。

① 手提式化学泡沫灭火器——5年。

② 手提式酸碱灭火器——5年。

③ 手提式清水灭火器——6年。

④ 手提式干粉灭火器（储气瓶式）——8年。

⑤ 手提储压式干粉灭火器——10年。

⑥ 手提式1211灭火器——10年。

⑦ 手提式二氧化碳灭火器——12年。

⑧ 推车式化学泡沫灭火器——8年。

⑨ 推车式干粉灭火器（储气瓶式）——10年。

⑩ 推车储压式干粉灭火器——12年。

⑪ 推车式1211灭火器——10年。

⑫ 推车式二氧化碳灭火器——12年。

报废的灭火器或储气瓶，必须在筒身或瓶体上打孔，并且用不干胶贴上"报废"的明显标志。标志内容如下："报废"两字，字体最小为25毫米×25毫米；报废年、月；维修单位名称；检验员签章。灭火器每年至少应进行一次维护检查。

2. 消防水桶

消防水桶应做成尖底，漆成红色，按仓库面积每50平方米至少配备一个，一般独立的库房至少配备4个，挂在出入口外墙明显处。无论有无消防水道，在每个仓库附近，都要配置一定数量的大水桶。在储存液体燃料的仓库附近，必须配沙子，用木箱式桶盛装，容器漆成红色。

3. 消火栓箱

消火栓箱是由箱体、室内消火栓、水带、水枪及电气设备等消防器材组成的箱状固定消防装置，具有给水、灭火、控制和报警等功能。适用于室内消防系统的厂房、库房、高层建筑和民用住宅等。

4. 防火墙

在设计仓库时应考虑防火墙的设计，其厚度要考虑到发生火灾时的烘烤时间，其高度应超出屋顶。

5. 防火隔离带

在库房、料棚和货场内留出足够的防火隔离带，且防火带内严禁临时存放可燃物料。

6.防火门

防火门是用耐火材料制成的，万一某一库房起火，扑救不及，可关闭该库房的防火密封门，使火势蔓延不到另一库房。

7.消防应急包

消防应急包包含几种常用的灭火和逃生用具，通常有应急包箱1个、灭火器1个、自救呼吸器（防毒面罩）1具、防水探照灯1个、逃生绳1条、不锈钢挂钩1个、腰斧1把。还可根据需要配置。

（四）火灾的救护

当火灾发生时，应先迅速利用自有的消防设备，尽力救护扑灭，并立即拨打119报警电话请消防队前来施救。

五、物品安全管理

（一）一般物品安全管理

物品储存要分区分类，要求不同类型物品不能混存。物品在库储存，要有专人负责，仓管员要经常检查。

（二）特殊物品安全管理

特殊物品是指稀有贵重金属材料及其成品、珠宝玉器及其他贵重工艺品、贵重药品、仪器、设备、化工危险品、特需物品等。储存此类物品除要遵循一般物品的管理制度和公安部门的管理规定外，还要根据这些物品的性质和特点制定专门的储存管理办法。其主要内容如下：

① 设专库（柜）储存。储存场所必须符合防盗、防火、防爆、防破坏等条件。根据情况可以安装防盗门、监视器、报警器等装置。外部人员严禁进入库房。

② 保管特殊物品要指定有业务技术专长的人员负责，并且必须是两人以上，一人无收发权。

③ 要坚持严格的审批、收发、退货、交接、登账制度，预防在储存、运输、装卸、堆码、出入库等流转过程中发生丢失或错收、错发事故。

④ 特殊物品要有特殊的保管措施，要经常进行盘点和检查，保证账物相符。

⑤ 对过期失效和报废的易燃、易爆、剧毒、腐蚀、污染、放射性等物品，要按照公安部门和环保部门有关规定进行处理和销毁，不得随意处置。

六、仓库防盗管理

盗窃事件的发生,多数是因放置场所不当或仓库位置、构造、关锁不当等,因此,企业在管理中应注意以下几点。

① 限定仓库人员出入,其他人员一律禁入(图13-2)。

② 进出仓库应登记,包括时间、姓名、任务等记录,以备日后查明之用。

③ 提送货人员要进库办理业务,必须向门卫出示提送货凭证,门卫要做好入库登记,收存入库证,指明提送货地点。提送货人员一般不得进入库房,需要进入库房时,要经仓管员同意,并佩戴入库证,由仓管员陪同出入。业务办理完毕后,离开仓库时要交还入库证,随身带出物品要向门卫递交出门证,经门卫查验无误后,方可离开。

④ 容易被盗窃的物品,收藏处应告知值勤保安人员,要求其加强巡逻。

⑤ 小件而高价的物品应加锁保管。

⑥ 对内部人员应强化监督措施,如增加监督设施、提升监管水平、定时进行业务盘点、开展有奖举报等。

图13-2 仓库重地,闲人免进